男人沉默 女人雄辩

老いかたレッスン
いつまでも男と女

渡边淳一 著

时卫国 译

青岛出版社
QINGDAO PUBLISHING HOUSE

目　录

第一部　男女有别

雄辩长寿, 沉默短寿 / 003

恋爱就是要变化 / 007

不会进步的东西 / 011

男人和女人, 强度的差异 / 016

你的名字叫懦弱…… / 020

男人要正直 / 024

男人最后的机会 / 028

对已故教授的回忆 / 032

男女两个人的时候 / 038

谈性无能 / 041

第二部　用恋爱恢复活力

老年男性的单身生活 / 047

老年人想要的东西 / 051

年差婚追想 / 055

监狱也迎来白发浪潮 / 059

男人啊,恋爱吧！/ 063

由三高到三平 / 067

要瞄准老年人！/ 071

在退行性变化中 / 075

要用恋爱恢复活力！/ 079

健谈是精力充沛的根本 / 083

思考夫妻的无性生活 / 087

闲话履历书 / 091

写完《再爱一次》/ 095

第三部　老而知之

要活得精彩！/ 101

各种时光 / 105

用贴面舞康复 / 109

寻求新的需求 / 113

尽管炎热却觉得过于寒冷 / 117

上了年纪还能住吗？/ 121

要从讲演会上学习 / 125

男女之间的差异 / 129

可变的东西和不变的东西 / 133

窥视自己衰老 / 137

长寿的内涵 / 141

在聚会的良宵 / 145

伤口也在拼命 / 149

夕阳婚 / 153

第一部　男女有別

雄辩长寿，沉默短寿

有句谚语说"沉默是金，雄辩是银"。

原先认为这确确实实是落后的日本人的思想，但是仔细查阅，却找不到出处。

于是就进一步地查阅，发现有若干种说法，有的说是从英国思想家托马斯·卡莱尔那里翻译过来的，有的说出自《旧约全书》中的所罗门的话"只要沉默，傻瓜也会显得聪明"……

然而在日本，这句话的真实意思表达是："喋喋不休地讲话是轻浮的，还不如安安详详地保持沉默，这样才像个男人。"这主要是针对男人的谚语。

当然，这句谚语现在不太常用。与其说不常用，莫如说没有被广泛接受和认可。

因为男人遇人遇事不说话，只是保持沉默，别人就会想："不知道这个家伙心里想什么，真是令人讨厌！"

假如男人在恋爱期间和婚后常常沉默寡言,也会遭人嫌弃:"这个人不和气,太没劲!"好不容易找到的女朋友也会借此溜掉。

沉默是金——在过去的武士社会则另当别论,男女同权的现代也并不适用。

这么说吧,从前曾播过一个叫作"男人默默地喝札幌啤酒"的广告,早已成为很遥远的故事。

如果现在还想使用这句话,那就只有把意思完全颠倒过来:"沉默是银,雄辩是金。"

不,沉默岂能是银,或许是铜,或许只是铝。

总之,现代人不说话,任何事都办不成。

前几天,我有机会参观东京都内的一个敬老院。

我以前写过一本以这种敬老院为背景的小说,叫《那该怎么办?》,为此,我被邀请参观这个最近刚落成的敬老院。

这个敬老院入住费用相当高,设施也颇高级,此处不详说它的高级之处,只述说在那里看到的饶有趣味的情景。

我到达时,碰巧是午餐时分,入住在这里的老人们正聚集在宽敞的大餐厅,自由地用餐。

有四位老太太正围坐在朝阳的临窗餐桌前用餐。

有一个老太太在讲话,其他人在点头,又互相说话,并且时有笑声,气氛热烈,而且没完没了。

每天都在一起吃饭,居然还会说那么多话,令一般人感到意外和吃惊。

与其说这张餐桌上很热闹,不如说太吵。

在太阳照射不到、距离老太太们几米远的餐桌上,碰巧也有四个老头在吃饭。

四个老头一声不吭,各自默默地吃面包,喝果汁。有时偶尔瞥一眼吵闹的老太太们。

如此场景,体现出的正是"女人雄辩,男人沉默"。

作为夫妻,一个喋喋不休的女人和一个始终沉默的男人,餐后回到同一房间,面对面,那会出现什么情景呢?

依然还是妻子快活、开朗地讲话,丈夫微驼着后背保持沉默吗?

男人和女人差异太大,两个性格迥异的人凑在一起,总觉得有点荒谬。

或许男人天生就是不爱说话的动物。与其说不爱说话,莫如说不善于说话,或厌烦啰唆,有时下意识不说话。

当然,如果公司工作或岗位需要说话,那就说话。但不说不太需要的废话。

这与其说是男人独特的习惯,莫如说是本性,也可以说这符合雄性的本质特征。

而女性则相反,除了社会和工作需求,其他无所不谈,聊家务,聊孩子,还聊吃的穿的,特别是讲到穿戴时,跟谁都能聊上一阵子。可以说,这是源于女性的本质特征。

不管男人女人，上了年纪就会衰弱，面临"孤独"这个现实问题。

当一个人感到寂寞，没有推心置腹的朋友，没有人跟自己攀谈，自己也找不到攀谈对象时，孤独感会使人郁闷，造成血液循环不畅，从而使身体各个组织器官产生退行性变化。

一般认为很多男性到了退休年龄，身体会得到放松和休闲，但精神上的孤独却会导致产生疾病。

那么怎样才能消除这种孤独感呢？

答案其实很简单，男人完全可以像老太太们那样与性格迥异的老头们快活地吵闹，放纵地闲聊，从而使健谈如同步行运动和做体操一般，成为恢复身心健康的有益活动。

否则，男人总压抑自己，不愿说无聊、荒唐的话，会感到孤独，从而生病早逝。

这样一来，开头那句谚语改成下面这样比较合适。

那就是"雄辩长寿，沉默短寿"。

恋爱就是要变化

现在时常听到有人对我说一些匪夷所思的话。不,也许应该说是经常受到别人的托付。

"渡边先生,有好点儿的女人吗?"

说这番话的是上了年纪的男性,即六十几岁到七十几岁、有相应地位和收入的人,也就是那种既有钱、时间又富余的男性。

正因为有钱、有地位、有空闲,才这样无所顾忌地寻偶,也可以说是厚颜无耻吧!

为什么他们求助于我,或者求助于别人呢?

就我而言,他们认为我认识各种各样的女性,故寻求接触女性的捷径。但说实话,我不愿意给他们相互介绍。

理由很简单。如果不明就里或稀里糊涂地相互介绍,这些老男人就会趁机厚颜无耻地和女性接近,或者搞一些什么名堂。

过后女性对这件事有意见也不好办。

所以,我总是含糊其词:"呀,哎……"

但是,说这种话的男人很执拗,他一旦说出口来就不会轻易死心。

"我好久没谈恋爱啦,想找个好点儿的女人谈谈恋爱。"

这也许是他真实的想法,也似乎为此还做好了思想准备,并愿意付出相应的经济开销。

我就会说:"你自己找找看吧!"

他此时就会故作萌态:"哎呀,我不会跟女人交往,实在不行啊。"

男人真是没有品格,没有自信,而世上这种类型的大叔还很多。

我也丝毫不想评论这类大叔的行为是好是坏。

恋爱是两个人的事情,源自两个人的感情需求,它不能用一种方法和路线来确定。

尤其需要强调的是,恋爱从一开始就不会按照确定的路线前进。

当男性开始恋爱时,往往会富有想象力地思考:应当是个有感觉的、贤妻良母型的女人吧!

当然,女性也会想象:应当是个堂堂正正、有责任、有担当的男性吧!

而实际相遇、交往的对象不一定就是理想中的人物。

往往与预期和想象的大不相同,或远远不及,或背道而驰。

当然,这种不满,对方也感同身受。

或许会由不满而失望:"哎呀,有点不理想,差一点儿,怎么会是这种类型……"

这样,发展趋势将因人而异,有的双方会分手,有的舍不得分手,却不知如何继续交往。

总之,恋爱的结局难以把握,就连当事人也搞不清楚,弄不明白。

然而,希望大家记住的是"在恋爱过程中,互相会发生一定的变化"。

首先自己会因为感情投入而发生变化,并影响到对方,会使其潜移默化地发生变化。

我之所以不能满足急于寻偶那类大叔的要求,根本原因就是他从一开始就把寻偶的基调定得过高:"有好点儿的女人吗?"

怎么个好法呢? 恐怕他自己也说不清楚。他也预计不到日后将会发生的变化。

重说一遍,恋爱就是要变化。

首先是自己变化,对方和自己接近,互相理解也会变化。

这是恋爱过程中的自然状态。也许有的人会为此感到不安。

但是人一旦恋爱,就会变化。只要互相喜欢、相爱,男人和女人都会有变化。

恋爱的过程就是变化的过程。

即使意识不到这一点,变化也在悄然发生。一个孤僻、顽固的男人,会变为和蔼而灵活的男人。一个以自我为中心、漠视一切的女人,也会变成勤于为男人效劳和宽容的女人。

的确,恋爱的功德就是变化。

有各种语言称赞恋爱:你恋爱吧! 一恋爱就会变得潇洒! 一恋爱

就会变得漂亮！等等。这一切都是来体现"变化"的。

当然,通过去体验和了解一个人,体验者也会相应地发生变化。

然而,最重要的一点,就是恋爱会使人绝对地发生变化。

尤其是成为大人以后,只有恋爱才会使人发生变化。

和别人谈恋爱,喜欢对方,这就意味着自己变化。

不应该说:"有好点儿的女人吗？"

而应该说:"好,我从今天就去谈恋爱,去变化。"

希望男人都用这样的心态面对女性。

不会进步的东西

最近,电脑和各种便携终端机以及 iPad 都涌现出来,电子技术的进步是异常显著的。

从宇宙开发到各种技术,科学领域的发达也是令人惊叹的。

真是感谢进步。跟不上发展的人只能落后于时代。

进步!进步!一般认为人类社会的一切都在发生日新月异的变化,处于科技尖端的人最优秀、最重要。其实不然。

切不可忘记这样一个事实:有一种东西在任何时代都不会变化,丝毫不会进步。

是一种无论科学技术如何进步都不会变化的东西。

那就是人——原本意义上的人。

首先,我们人类超越其所属国家、种族、语言、生活,从小一直追求的信仰和祈祷的东西几乎不会变化。

其次,无论是什么样的人,其本真生命都仅限于自身一代,生命很短暂,其间所思考、所祈祷、所追求的东西大致不会变化。

因而,同一宗教信仰,会在同一民族之中长期受到崇奉。

当然,生活在各个历史时期的人们,生活环境、从事的职业、得到的收入各不相同,但作为每一个自然人,他要生存、要生活、要恋爱、要成家立业,故而所追求的东西大致相同。

人在小的时候可以向妈妈撒娇,尔后在父母养育下长大成人,继而与异性相恋、生儿育女。

当孩子逐步长大成人,自己就会逐步衰老,陷入孤独,不久便会消亡。

这种过程只要人类生存,就永远不会变化地延续下去。

还有一种东西,无论科学和技术如何进步,生活和环境如何变化,永远都不会变化,不会进步。

我认为这就是文学。"文学"就是用自然的目光对人类加以审视,而留传后世。

文学不仅仅是表面的科学和艺术,而应是跨越时代而不会变化、正确地描绘人的真实姿态的载体。

实际上,跨越时代捕捉和描写人的真实姿态的小说,才是最令人感动的。

文学是描写跨越时代而不会变化的人的载体。正因为它是文学,哪怕就是阅读描写江户时代①和明治维新甚至更遥远的时代的小说，也会产生共鸣或触动。

这一点在戏剧和电影方面也是如此。

文学是能够充分地表现跨越时代而不会变化的人的载体。这种载体任何时代都会受到欢迎，并作为名著而留传后世。

与此相比，只是描写或突出某一个时代的科学和新技术的东西，很快就会随着人们的舍弃而消亡。

如仅仅是描写技术方面的东西，很快会被下一个时代的技术所超越，变得毫无意义。

所以，应该描写的是任何时代都不会变化的人的灵魂。

近来的小说和电影，过度描写最新技术和相关事件，这样的作品比较引人注目。

当然，其这样也仅在当前引人入胜，迟早会随着时间的流逝而消亡。

无关乎科学和技术的进步，人与人之间的关系也是不会变化的，尤其是恋爱。

跨越时代，恋爱确实是限于一代人的智慧，是一种行为。

正因为如此，恋爱的感情和行为是不会进步的。

不用说，情侣幽会或者在西餐馆就餐，吃的东西会随着时代的发

---

① 指日本江户时代（1603—1868）。

展而变得高级,但喜欢一个异性,而与之相爱的感情不会改变。

不,在过去的昭和①和明治时代②,或追溯到距今更远的时代,如平安朝③和万叶时代④的人,也许比当今社会的人,更富有感性地与恋人相处和相爱。

这一点看看当时人们所写的和歌和文章,就能够想象出来。

现代的年轻人,无论怎样运用电脑,即使用iPad读很多书,也对人际关系和男欢女爱淡薄与木然,也许是某些方面得不到满足之故。

不用说,恋爱是限于一代人的智慧。

无论我怎样恋爱,怎样懂得男女之事,也不能把那种体验和智慧传给孩子。

孩子在这方面与我毫无关系,他必须要随着青春期到来而对异性感兴趣,并一步步做起。

而孩子也会在经历恋爱和接触异性后,衰老死去。

从这种意义上说,恋爱是限于一代人的智慧,因此,纵使像科学和技术那样写进书本中,也不会因为阅读它而使得恋爱进步或发展。

恋爱确如堆积在海滨沙滩上的沙市楼阁,一个波浪袭来,就完全消失了。

不应该忘记,在人类社会和生活中,有这样一个一代就会消失、永

---

① 指日本昭和时代(1826—1989)。
② 指日本明治时代(1868—1912)。
③ 指日本平安时代(794—1185)。
④ 指奈良时代(710—784)。

远不会进步的世界。

　　人可以适应科学和技术的进步,但不要忘记自己周围有一个只限于一代人的、不会进步的、最有人间特色的世界。

男人和女人,强度的差异

人有男人和女人这两种性别,不,其他各种动物也基本上只有这两种性别。

哪种性别强呢?我想很多人曾想到过这一点,实际情况又是怎样呢?

那么,对于这种提问的回答是"男的强",这样回答的人主要是看外表所感受到的。

确实,一般说来,男性与女性相比较,身强体壮,力气大,很重的东西也能较轻松地拿起来。

如果两性打架斗殴,一般男性会获胜。

依据这些方面,说"男的强"可能不会有异议。

从小孩看,诸如赛跑或做各种运动,男孩儿跑得快并强有力,所以孩子从小就给人留下男强女弱的印象,这是理所当然的。

而女孩儿要么在家里打扮容装,要么跟着妈妈和姐姐学做饭和大扫除,很早就开始做家务,与男孩表现出很大的差异。

说到此,或许有人会认为女孩儿天生是家庭型的,性格恬静,而男孩儿喜欢在外面活动,性情粗野。这完全是一种表面现象。

随着这种表面现象的延伸,男人和女人就会逐渐地形成各自的强度和韧性。

譬如青春期,男性的身体更加强壮,动作更加敏捷,斗性也会增强。

而女性的身体曲线更加突出,性格更加温和,越来越爱理家。

我这样表述,并不是像文学那样所描述的那么纯粹。

的确,女性变得爱理家,不像男人们那样在外面竞强或斗狠,看待别人和周围的目光严厉而冷酷。

这一点男人们应该好好注意,有时女性对于世间事物和人际关系要比男性看得更清楚、更精准。

男人的感性和判断力是以各种情报为中心的常识论,女人的感性和判断力则往往是以喜好与厌恶为基础的感情论。

如果这样说,大部分男性就会反驳:常识论是正确的,相信它怎么就不对呢?但在人际关系方面,感情论要更有力,更具说服力,这种事例极多。

准确地说,女性的强度是在于独断性,容易适应这种感情论,而且能够毫不羞涩地堂堂正正地主张它。

实际上,各种小说和电视剧中饶有趣味的不是常识论,而是感情论。

如在这些体裁中,只重视常识和合理性,就会令人厌倦、感到无聊。而表面浮现出意想不到的非正常性和感情论,各色人等就会为其所吸引、所困惑,这要比前者有趣得多。

正是因为这样,女性才在小说和电视剧中发挥着主要作用。

现在再回到男人和女人的强度这一出发点,最重要的是哪一方更长寿。

当然,从生物学方面说,长寿的生物力量是强的。

现在日本人男性平均寿命八十岁,女性平均寿命达八十六岁。

两者相差六岁之多。男女寿命的差异显而易见。

当然这里有各种因素发生作用,如男女各自所处的生活环境和对周围的意识差异等,但是六岁差距足够大,不可忽视。

依据这一事实,如果是一对同龄夫妻,那么丈夫就会想:我会在夫人的护理下辞世。妻子则会想:我把他送走后,要一个人活六年。

自然而然地,丈夫对妻子的态度和妻子对丈夫的态度,一定会因此而发生变化。

这些方面的变化迟早会发生的。在这里,我重点强调男人比女人要弱这一事实。

"我身体很强壮啊!"即使再感叹自己身强力壮,但在生命力这一方面终归也是难以延长的。

不,不仅如此,在精神力量方面也肯定是男性比较弱。

前面提到过谁强谁弱,那么,男人的想法是合理而合情的,女人的想法则是不合逻辑而一意孤行的。

哪一方更宜于长寿呢?当然是不合逻辑而一意孤行的强。

其结果不论愿意与否,宜于长寿的自然是女性。

在此就不再赘述啦。

男性,尤其是诸位高龄男性,不要过于违背妻子和女人,要自然地顺从才能叫作明智。

你的名字叫懦弱……

我说男人比女人虚弱，易早逝。这种倾向从小就能看出来。

其中一个证据就是男孩儿和女孩儿睡觉的姿势，也充分地表现出差异。

大部分人认为男人和女人睡觉都一样，其实不然。

女孩儿一旦入睡，就很沉稳，睡得很香甜。但是男孩儿在同样的睡眠中经常左右地翻动，有时发出鼾声或低声呻吟。

也就是说男孩儿睡觉不断地动，不沉稳。

这种倾向且不仅限于睡觉时，白天不睡觉时也一样。男孩儿为什么那么不沉稳呢？

理由是因为男孩儿的肌体和神经纯粹、敏感。

也许很多女性都怀疑：怎么能说男孩儿纯粹、敏感呢？很遗憾，确实是这样。在各个方面都能发现证据。

首先，男孩儿吃东西很挑剔，经常腹泻或呕吐。在寒冷的地方多待一会儿,马上就会感冒、发烧。

这种情况下,不管父母是否娇宠,男孩儿一般要比女孩儿难养得多。睡觉也很浅,有点动静,就会惊醒。

这种倾向不局限于小男孩儿,男孩长大以后也如此,成人以后也难以熟睡。

也许很多人会这样想:怎么会那样呢?不是的。也许这些人看到过一些男人饮酒过量或者彻夜工作后疲惫不堪而入睡的情景。

与男性敏感相比,女性则是钝感。

这么说,也许会使女性感到不愉快,但最浅显的例子就是女人的头发。

现在,绝大部分女性都自然保持长发,与其相比,男性的头发却极短。虽然增加了一些蓄留长发的男性,但为数不多,而且其头发长度相对短,不能与女性相比。

明确地说,男性是不宜留长发的。这是为什么呢?

理由很简单。男性像女性那样留长发,就会产生急躁情绪,沉不下心来。

女性之所以很冷静地留着那么长的头发,从某种意义上说,是因为钝感。

女性一般认为把头发留长,一根一根地顺齐不会乱。头发有时会脱落,发根也会疼,带来各种麻烦。若有一种褒义的钝感,则能够忍受,所以,才能够克服掉这些而泰然处之。

从过去的明治和江户时代追溯到平安时代,女性的长发确实是很特别的。

冷静地保持长发,还保持健康女性的钝感,的确不能认为是正常的。

如果强迫男性那样,绝大多数男性一定会对长发感到焦躁而发狂。

说实话,男性一般欣赏女性对象的长头发,且看得入迷。

但是长头发一旦碰到自己,往往就会感到不快,甚至焦躁不安。

比如把女性拥到怀里时,头发碰到自己脸颊和嘴唇,就会感到不大舒服。

明确地说,男性对这种异物是很敏感的。如果和女人一起卧床休息,男人对头发毫无兴致,男人只喜欢对方柔软的肌肤。

一上床睡觉,女人很容易入睡。

当然刚开始关系亲密时,女性就不会那么简单地入睡。

久而久之习惯了,女性会简单地入睡,而且中间不容易醒来。

不用说,有时男性睡不着觉时,看到女性睡得很好,就会体会到女人是很强的。

这样男女一起生活,朝夕相处,就成了了解"女人强而男人弱"这一事实的过程。

总之,男人缺少褒义的钝感力。

乍一看到男人高大而健壮的体格,会觉得壮实、踏实,有安全感,可以依靠。但实际上,男人的神经却是意想不到的纯粹而敏感。

深夜睡觉时,男性好像也不沉稳,有点神经过敏,一点响动就会惊醒,对周围很警惕。女性安慰说"没事儿",他也不安心。生下婴孩,三个人一起睡觉时,对婴儿烦人的哭叫,男性会嫌太吵,从房间里离去。而作为母亲的女性却无论如何也不会这么做。

所以,"悠然、豁达"这样的形容词也是给予女性的褒义词。

实际上没有这样的钝感力,就不能生孩子,生产之后也无法和不停哭闹或活动的婴儿一起睡觉。

相对于女人这种出色的钝感,男人则是虚弱的敏感。这就是真正意义上的男人和女人生理区别的基本点。

男人要正直

女性们在叹息:"最近男人们根本就不求爱啦。"

怎么一回事儿呢?

询问二十几岁到三十几岁的男性,大家都说"没有钱"。

或许是经济萧条削减了他们的工资,令他们难以招架。

于是,我就问他们:你们看好的女性,会把她们领到哪里去就餐呢?

他们说女性所考虑的店铺和西餐馆一般都是很贵的,负担不起。

没有钱却装作有钱,的确也是不好办的。

能不能把她们请到再便宜点儿的店里去呢?

这么一说,几乎所有的男人们都会歪头思索,似乎没有自信:"不……"

这种时候只有实话实说。

"对不起!我现在没有钱,不能去太贵的店,前面有个我常去的店,可以去那儿吗?"

如果对方说:"不愿去那样的店",这样的女人就可以放弃她。

但是其中也会有很多女性说行,会顺从。

再问各色女性,她们都说实话实说才会让人觉得舒服。

她们说相比而言,更讨厌犹豫不决的男人。

总之,男人应该正直。有没有钱,你不说人家迟早也会知道,用不着掩盖。

追求女性的第一步首先是勇气。

"我没有钱……"——连说这句话的勇气都没有,怎么能追到女性呢?

男人和女人都是如此,有替补人选是一件令人高兴的事。

这里所说的替补人选,是指现在虽不是最佳人选,但也许会成为最佳人选的男人或女人。

受欢迎的男人和女人应有两三名或五六名这样的替补人选。

不能成为最佳人选时,用不着气愤,更不用自认倒霉。

世间哪里都有不公平,这是理所当然的。

相比而言,重要的是,就是认为"那个女人不合适",就是这样也不要轻易死心。

当不上那个异性所选择的第一人选也没关系。如果现在不行,就先当第二人选或第三人选。

总之,要等待机会成为最佳人选。

在这种情况下,还有机会当最佳人选吗?

可能很多人会为此觉得不安。

但是,事物的发展往往出乎预料。

很多男人和女人虽被视为最佳人选,感情发展却不顺利。关系突然破裂是不稀奇的。

在这种时候,替补就会被召唤。

男人或女人因为意想不到的关系破裂,会勃然大怒,这种时候,就会无声无息地依从先前的替补人选。

这才是预想不到的机会,仿佛雪崩一般突然降临。

实际上,经常可以看到绝佳的女性和其貌不扬的男性相匹配,这也许就是通过这种雪崩现象所产生的情侣。

也许很多人都会怀疑:雪崩会那么顺利地发生吗?那么容易成为很多异性的替补吗?

记住:那边有雪崩,这边有雪崩,每当发生雪崩时,你就第一个赶到,过几天就可以挑一个最好的异性,那就太棒了。

既没有钱,也当不上替补——这样的男人被埋没是很可惜的。

因此,我要提个建议,能否成立一个"我们是不受欢迎的男人"这样的组织呢?

然后在各种地方举办晚会。

或许女性们也会觉得有趣而参加晚会。

这就创造了与这种好奇的女性们相识的机会。

总之，对外正大光明地宣布"不受欢迎"，自己的心情会舒畅。不受欢迎并不奇怪，假如既没钱又非替补而受欢迎，那是不太可能的，所以应实话实说。

如果像往常那样保持轻松自在，或许反会受到欢迎。

因为自以为不受欢迎的男人们，要比自认为受欢迎的男人们更直率，更富有人情味，因而或许会受到女性欢迎。

不管怎样，男人不能因为没有钱而退缩。

即使没有钱，也应该更富有男子气概地堂堂正正地应对。

男人最后的机会

前面一直说所有方面都是男性弱,女性强,这一点在敬老院里表现得尤其明显。

来到敬老院里,有很多问题会让人重新思考:的确如此!

敬老院的阳光房。

男女老人悠闲自在地坐在椅子上,沐浴着冬日温暖的阳光。

如果单看这一点,那是晚年很平静的生活。但这里也是男人和女人视野截然不同、关注有所区别的地方。

男性们沐浴着阳光,十分陶醉,懒洋洋地闭目养神,也有人在睡觉。

女性们则和关系亲密的居住者轻松地交谈,并互相点头。有的人一味地关注四周,左顾右盼,可能看到了自己喜欢的男性。

在这温暖的阳光房里,女性的动与男性的静出现了反差。

这种差异到用餐时更加明显,女性们一定是四五个人聚集一起,占据一张餐桌,谈笑风生。

对比之下,男性们的餐桌上也是四五个人聚在一起,但基本上不交谈,只是一味地默默吃饭。

用餐完毕,女性们会去找一个角落聚谈,或去咖啡室喝咖啡吃点甜食,总会谈得兴高采烈。

而男性们只是默默地离开餐厅,回到宿舍区。

男人这样不太寂寞了吗?

不,保持沉默是他们自身的需求,不应说三道四。

男人的消极性与女人的积极性是相对的。这种倾向在用餐以外的其他场所也很明显地体现出来。

这所敬老院提倡男性和女性亲密接触。

某一天,这里的一个老太太发现了自己喜欢的老头儿,或者说一个女性发现了一个自己喜欢的男性。

女性很快就会主动地进入男性房间,嘘寒问暖,赠送防寒围巾或围毯,并给他围在身上。

据说这样几次进出男性房间,这个男性就会喜欢上这个女性。人们很快就会发现这个老太太一到晚上就悄悄地潜入老头房间,两个人同榻而眠。

可以说,这位女性的积极性确实精彩并富有成果。

与此相反,男性在阳光房内发现一个自己喜欢的女性时,只是目不转睛地注视着而已。

我想,他不如先接近这位女性,主动搭话,或者送上一朵鲜花,但是他无所作为。

"他这样真是惹人厌烦啊!"在敬老院工作的女性们如是说。

男性没有社交活动能力在这里也表现明显。

可以明确地说,这样的倾向不是他们成为老年人后才出现的。

在年轻的时候,比如二十几岁时,男性在与女性交往时就畏缩不前,两性社交能力不足。而今只是随着年龄增长,这种畏缩在加剧。

这也难怪男人会早逝。

无论多大年纪,都要对周遭事物有所关照,同大家一起快乐、明朗地生活,这也是保持年轻和活力的基本条件。

然而,男性们却不愿这样做。

尤其是随着年龄增长,变得不愿与外人接触,常常闭门不出。

话虽如此,由于我也年事已高,难于评说别人的事情,不,正因为年事已高,才能够对此有所体悟和了解。

上了年纪的老头们之所以不大愿意和别人讲话而陷入孤独,最大的理由就是因为感到"麻烦、无聊"。

这或许与年轻或高龄无关,男性专注于自己所关心的事情,对其他事情不感兴趣。谈资和话题受到局限,有些过于专门化。

因而,他们不能像老太太们那样喧闹,那样热衷于无聊、无关的事情。

这是往好里说,往坏里说,那就是男性大脑缺少柔软性。

不过，我也要呼吁"老头们"：再让脑筋灵活一些吧，对任何事情都要出面，首先要说话。

这样就一定能恢复活力。

前面也说过，现在日本人男女的平均寿命相差六岁，男人早逝，女人长寿。

就是说，在世的那部分高龄男性就会绝对受欢迎，只要其身心健康。

所以，只有在敬老院里才能看到的三角关系是：两个女人争夺一个男人。

男人毕生只有到了年老时才会有这样的机会。

男性如果醒悟到这一点，就能自己把握机会，就应多参与身边的事务，多与人交往、谈笑风生。

对已故教授的回忆

一个人要了解别人，最重要的就是首先要与其亲密接触。

只有认真地和别人接触，才能够理解别人。不管你跟狗和猫怎么亲密接触，都难以达到对等的交流，人则不然。

这一简单明了的事理，似乎无须多说，但有的人却时常忘记，所以就再说一下吧。

幸好，我从小就喜欢与各色人等接触，学到很多东西。

尤其使我难忘的，是我的恩师河邨文一郎教授。

我所称谓的恩师，是我在医学部求学时的整形外科教授，也是后来我进整形外科时那个研究室的主任。

我是在上医学部三年级时与这位先生直接接触的，当时先生还不到四十岁，他是身高一米七的细高个子，五官端正，长得像演员，是个年富力强且朝气蓬勃的医学家。

据说这位先生在北大求学时就师从诗人金子光晴先生，经常作诗,还主办诗歌杂志。

因为这种关系,札幌冬季奥运会时,他为《虹与雪的抒情曲》作词,当时受欢迎的二重唱歌手"你和我"演唱,很快风靡日本。

看一下那个小册子,上面刊登着河邨教授的正面照,可以一睹那时先生的风采。

当时,先生风度翩翩,出类拔萃,在全国医学部教授中排名绝对第一。

我医学部毕业后,进了由这位教授担任主任的整形外科研究室。

从那时起,我就在同人杂志上发表小说,有时被道内[1]的文艺评论杂志报道,也曾参与大学同窗会的杂志编辑。

因为这个同窗会的顾问是河邨教授,实习结束时,他让我去了整形外科研究室,在那里得到了先生和教研室的关照。

先生爱写诗,我爱写小说。诗和小说体裁不同,但作者对文学的好奇心却是相同的,我想待在这位先生身边,写小说不会遭受非议的。

先生偶尔心血来潮,会在全体医务室成员面前朗读自己的新诗。有时还会问我:"你现在写什么?"

先生朗读新诗时,不会觉得害羞或难为情,而是堂堂正正地大声朗读,读完还问大家:写得怎么样?

因大家都不懂诗,故保持沉默,教授此时就一定会点名:"渡边君!"

---

[1] 指北海道内。

我已预先记住了要点,于是称赞说:"'茫茫山岭火'这一句很出色!"

对此评语,教授很赞赏,他把诗的复印件留下来,说:"过会儿大家慢慢品读吧!"

说实话,我通过与教授接触,弄清楚了一点:那就是写诗、写小说都是表达情感的东西,要发表出来,不要觉得害羞或难为情。

河邨先生很喜欢快活、欢乐的气氛,经常去薄野①游玩。

当时的薄野正处于日本经济腾飞的前夜,比现在要繁华、热闹得多。

他最常去那个叫"太阳星"的夜总会,并喜欢那家店一个叫"丁香"的女性。

我们作为教授的随员也去了那家店。教授一进店,就马上环视四周,寻找丁香。

看到丁香在侍奉别的客人,教授会耐心地等待她尔后过来。

当然,她要是马上过来,教授会非常高兴。要是半天过不来,教授就会哀叹:"丁香被迫陪那样的客人,太可怜啦⋯⋯"

若等得时间太长,教授就很不高兴,我们作为随员会感到为难。

于是就央求值班经理:"快给叫一下丁香吧!让她尽快过来。"

那个叫丁香的女孩,年龄约莫二十二三岁,身材短小,皮肤白皙,

---

① 地名,札幌市中央区的繁华街。

有点瘦,让人觉得有点不太可靠。

教授与她说了很多话,她不是特别积极地附和。

我们认为她是个客套而无聊的女性,教授却觉得那样客气的丁香反倒可爱。

教授对丁香一心一意,互相交谈一直握着手。但有一天晚上,教授刚站起来,丁香却呈现出非常厌烦的表情,嘟囔道:"我和教授在一起,觉得很累……"

一般情况下,我们做完各种手术,处理完相关业务,就去这家夜总会,所以到达店里时大都超过夜间十点。

我们在那里玩一两个小时,夜总会就打烊,我们和教授再一起去一家叫"松屋"的寿司店,吃夜宵。

吃夜宵时也会叫上两三个店里的女孩儿,丁香来不来是很重要的,丁香要是来,教授就很高兴。

丁香要吃寿司,教授就特意给她拿,说:"哎呀,这边的好吃!"然后很高兴地注视着丁香吃。

约一小时散席,教授就给丁香叫出租车,并默默地为她送行。

在其他时间,教授和丁香两个人没有秘密约会。

可以说他们的关系非常高洁、非常纯真,像我这样的一般人是无法理解的。

然而,有时丁香会失约,不参加在寿司店举行的收工晚宴。

教授预先会说:"等着你,你务必来!"但是总不见人影。

于是,教授会从夜总会走出来,站在路边,等着丁香从店里出来。

我们觉得不太雅观,就对教授说:"请您先去寿司店,我们一定领着她过去。"我们接替教授等丁香。

然而,最后还是没有等到丁香,过后问其他店员,说另外还有个出口,可能从那儿走了。要想留住她,要去地下更衣室堵她,恳求她来。

有一天晚上,我去更衣室门口请她,她却说:"今晚不去啦,让我回家吧!"

我问为什么,她说:"今晚男朋友来了……"

既然说得这样明确,也不能把她强行带走。

我没有办法,去寿司店告诉教授:"据说今晚她妈从函馆来了,她必须要回去。"

教授露出了不快的神色,疑惑地说:"她妈妈来了?"说完,很无奈地吃起寿司来。

丁香不在,他可能感到寂寞,闷闷地喝起酒来,并时不时地发点牢骚。

"还是函馆的女人坚定啊。忠实地履行和妈妈的约定。"

我想说:"不、不是这样。"然而欲言又止。

那天晚上,大家的情绪都很低落。

这么说,似乎是在揶揄以前的恩师,但我丝毫没有这种想法。

莫如说,很少有像他这般忠诚实在、毫不敷衍又纯粹的人。

他直到从大学退休,其性情品格也毫无变化。

可是,丁香对此的感受如何呢?

她说长时间和教授在一起,感到很累,因为教授是太优秀的绅士,受到其一味的要求与强迫,女性就会感到劳累而厌倦,进而情绪低落。也许教授进行适度的敷衍,效果会更好。

男女两个人的时候

男女两个人说话或者喝茶的时候,如果坐的位置或排序方法不合适的话,会觉得别扭。

在西餐馆和餐厅,面对面地喝咖啡或者吃饭,里头靠墙一侧安定的座位是上座。

与之相对应,靠近通路一侧乱糟糟的座位当然是末座。

只有两位男性时,肯定是年纪相对大的人或者长辈坐里头的上座。

只有两位女性时,也是年长者坐里头的上座。

那男女情侣怎么坐呢?一般是女性坐里头的上座。

这肯定是与她同行的男性礼让她坐那边座位的。

不过按照以前日本的习俗,里头的上座应是男性就座。

但时代发展了,女士优先,女士坐上座的情况多见。

若情侣是大男少女,年轻的女孩一下子就会坐上里头的上座,似乎天经地义。

从女士优先的角度讲，这是可以理解的。

但年纪很大的大叔端坐在这边末座上，让人总觉得有点别扭。

我觉得这种场合，还是大叔坐上座比较自然和恰当。

不，如果为了追求年轻的女孩儿，让她坐上座，我觉得也可以理解。

座位不是相向，而是横向，男女怎么排列呢？

横向排列的座位，哪边是上座，那肯定是同向左边。相向右边，也就是说面对面看是右边。这属上座。

这么说，也许有人觉得不可思议："为什么呢？"

根据以前的说法，过去武士一般会把刀带在左侧。

男女两人并排走路，突然遭到他人袭击，此时男人必须麻利地抽刀应对。这时如果左手侧有女人，难免伤及女人。

为了避免伤及无辜，男性左手侧不让站人，要空出来。

看看古装玩偶，持剑的男性偶人并列排在对面左侧。

看看天皇、皇后并列的照片，天皇陛下在左侧，皇后陛下在右侧。

同样，老头儿和老太太并列的照片也是老头儿在左边，老太太在右边。

据说这是明治以后采用的西洋式排列法。

这么说，也许说得过火，这是合乎情理的。

前些日子，某个电视台拍摄我和女主持人的谈话场面，女主持人坐在我右手。

当然，那样也能交谈，但总觉得有点别扭。于是，我就说："我去那边比较自然吧。"编导却"啊！"了一声，露出惊讶的表情。

编导说："就这样坐着别动！"我问理由，他说我从她左侧说话，后面的布景照得好。

那就没办法了。

在一般场合，男性为何要站在女性右侧，然后才入座呢？

这个理由非常简单。因为这是跟男人和女人在床上休息的姿势联系在一起的。

持怀疑态度的人可以重新联想一下男女在床上横躺着的姿势。

这时当然是男性在女性右侧，而女性在男性左侧。

这是为什么呢？

因为在床上互相面对面时，男人好使的右手在上面自由。

这样，男人可以给予女性各种爱抚。

但是与此相反，男性躺在女性左侧，好使的手就要在下面，只能接受来自女性的爱抚。

这样，很难得的房事就不会顺利。

所以说，男人要在女人右侧。

当然，右手不好使而左手好使的男人可以相反。

不管怎样，男性在女性右侧是源于房事的自然的姿态。

持有异议的人不用勉强遵从。

尚未体验房事的人也悉听尊便！

谈性无能

我时常意识到,小说应该是通过深刻地剖析人物的内心世界,并以自己的心态,唤起许多人的共鸣而加以描述。实际上也一直在这样努力。

我的很多描写男女关系的小说,一直很幸运地得到众多读者支持,也充分证明这种意识是没有错误的。

这次我想写的主题,直接说就是"性无能"。

一般过了七十岁,自己就觉得上了年纪,也感到惊讶,"性无能"也开始出现,造成很大的心态变化。觉得自己也终于到了这种年龄了。

一般来说,这种事情是羞于启齿的事情。但是对于达到某种年龄的老年人来说,却是不可回避的沉重而迫切的话题。

并且这会直接影响到男女性爱方式,从某种意义上说,女性也应当了解和考虑男性的这一现实问题。

不过说实话,当初曾想:尽管小说是描写自己内心世界的东西,但没必要写这方面的事情吧。

然而现代社会已经高龄化,应该如何把握衰老,如何面对自己身体的变化。这是现实而重大的课题。

迄今为止,日本还没有一本小说表述这个问题。

是因为主题过于鲜明而发怵呢,还是因写作难度感到棘手呢?

但是我要写。我想倾注自己所有的能力写。

尽管如此,老早就对日本社会感到不满的是,只有原则优先而没有风雅。

日本很多男性在做男人之前,首先是做丈夫,做父亲。同样,女性也是做女人之前,首先做妻子,做母亲。

然而,法国人的观点则完全相反。女性在成为母亲和妻子之前,首先要做女人,男性在做父亲和丈夫之前,首先要做男人。

这种意识滋润着男女关系,维系和丰富着人们恋爱的文化,进而成为社会的活力。

其实,看看法国的总统和日本首相的魅力差异,就会一目了然。

在日本,孩子们自立后,只有两人生活的老年夫妇还互相称呼"爸爸""妈妈"是很不自然的。

与城市不同,在人际关系比较密切的地区,男女随意打招呼的情况比较普遍,这样,即使上了年纪成为单身,也有遇到新恋人的机会。

我希望通过这篇小说给生活在这类地区的人们带来一些活力。

我希望用这篇小说向杀气腾腾而乏味的日本社会提出现实问题,让人们思考怎样正确地把握衰老,建立起比现在更加丰富多彩的人际关系。

根据不同的观点，也许可以说人生的黄金期是从七十几岁开始的。年轻时的恋爱是富有激情的，其实男性不考虑对方感受，只顾及自己获得满足，总以自己为中心。当然，女性难以获得满足，很少感到幸福。

我相信性无能会给这种关系的男女带来新的幸福。

为什么呢，因为男性可通过性无能体验到为女人而尽力的喜悦。

人随着年龄增长，身体机能逐渐衰退是无奈的现实，但不能听任这一切。说"腰疼"，说"健忘"，一切归咎年龄，想回避衰老，就如同自己抛弃人生。

不应这样，而应经常把消极因素变成积极因素。在哪儿摔倒，就在哪儿爬起来，这才是本事，这才是找回正确生活态度的智慧。

这次所写的作品主要是处理"性"的问题，会出现关于性的各种语言，甚至是刺激性的语言，这是深入描写人物内心世界而必不可少的表达方式，希望大家能够理解。

以上是连载《再爱一次》时我所写的文章的梗概。

确切地说，写这样的小说是一种冒险。我也曾顾虑过：事到如今，何必自己现眼呢。

然而，如果现在不写出来，也许很多男性，甚至包括与男性有关的妻子和家属，都会被消沉的思想所笼罩。

我期望向人们指明一条光明的道路,希望重新审视衰老和性无能。

出于这样的意愿,我才决定写这篇小说。

第二部 用恋爱恢复活力

老年男性的单身生活

据说现在独居的高龄男性正在增加。

具体地说,就是六十五岁以上独居男性的家庭数量在增加。

据《东京新闻》(二〇一二年七月十五日刊)报道,舆情调查的结果,六十五岁以上的单身汉,二〇一〇年四百七十九万一千人,其中男性一百三十八万六千人,女性三百四十万五千人,女性是男性的二点五倍。

因此,提到老年人的单身生活,往往认为这只是高龄女性的问题。

据国立社会保障与人口问题研究所预计,普通家庭所占男性高龄单身家庭比例二〇一〇年占百分之十二点五,二〇三〇年将大幅上升到百分之二十一点五。

一般认为这一背景有男性未婚率的上升,一九七〇年终身未婚率为百分之一点七,二〇一〇年增加为百分之二十点一,男性每五个人中就有一个人不结婚。

实际上看看现在的三十几岁男性的未婚率,据说三十二三岁的男性接近百分之五十,三十七八岁的男性则超过百分之三十五。

因此,一般认为男性的终身未婚率今后还会上升。

没孩子的老年鳏夫的单身生活问题出在哪里呢?

老年女性单身的原因一般是与丈夫死别或离别,而老年男性单身的原因大致相同,而与女性相比,占比低。

老年单身女性有孩子或亲属的可能性较大,孤独者相对较少。

据内阁府调查,没有孩子的单身比例,相对于女性的百分之二十八点三,男性为百分之四十九点二,高出近二十一个百分点。

有孩子的男女离异,孩子们一般会跟母亲,老年男性孤独者相对增多。

还有一个问题是,独居老年男性与邻里街坊相处关系不好的占百分之十七点四,与独居女性的百分之六点六相比,绝对高。

就日常人与人会话而言,"基本不讲话"或"一周讲一次话"的人达百分之十一点三。

对"出现困难时有人可依靠吗"这一问询,回答"没有"的男性占百分之二十。

依据这些事实,老年男性的单身生活是枯燥乏味而不尽人意的。这是实际情况。

这样的状态,导致孤独死的人数有所增加,为此而担忧的老年人超过百分之六十。

当务之急是如何防止这样的男性孤立化。首当其冲的是改变这些老年孤独男性的思想意识。

第一是要避免"闭居家中"。一个老年男性长期闭居家中,不和任何人见面,孤独高傲地生活。

这么说,乍一看很漂亮,为何要闭居家中呢?

理由很简单,因为一个人待在家里最轻松,不劳累。

要是和他人见面,就要相应地照顾一下他人,配合对方时,多少也要动一下。一个人待着,可以只做自己喜欢的事情。

然而,如果长期这样生活,已经虚弱的身体会更加虚弱。其实,这是个很大的问题。

身体这东西很奇怪,越是让它舒服,它就越虚弱,更动弹不了。特别是年事已高者,这种变化很迅速,不久就会衰老。

希望不要忘记,闲居家中确实是让自己的身体走向虚弱的最糟糕的生活方式。

还有一个,不外出的优点是不花钱。

可能很多人认为这样好。

一般说来,在公司干到退休年龄的人,可得到养老金和退职金等,有一定数量的钱。

这些钱是放在柜子里,会原封不动地待在那里。

想把它作为遗产留给孩子,则另当别论。应当首先顾及本人的健康和生活,这是最重要的。

为此，应该必要地花钱。

把好不容易赚来的钱，只是藏在柜子里，就有点太可惜了。

那么，花钱就要外出，外出就要与人接触，还要与人交谈。挑选物美价廉的东西，还要动脑子，并察看对方的脸色。

这从积极意义上说，当事人产生购买欲望，是恢复活力的出发点。

已经说过几遍了，各位老年兄长，请不要闲居家中，要常去外面和人见见面！

从家里走出去。不仅能改变仁兄，还会使社会充满生机。

老年人想要的东西

最近好像各行各业都在想方设法倾听消费者的声音。

这确实是必不可少的措施,但是能在所有方面都洗耳恭听吗?

对此我持怀疑态度。

人们的需求是随着时代变化而变化的,现在最为迫切的问题是老年人的需求问题。

这一点到底能否准确地传达给厂商呢?

因为我是个老年人,才会有这样的疑问。

我年事已高,经常想:要有一些东西就好啦。

比如说,肩膀按摩器。

"唉,那玩意儿倒是有。"——也有人让我看肩膀按摩器,但这种东西统统不行。

它能给人揉肩,但要么力量太强,要么力量太弱,不合适。

最后就觉得那玩意儿没用,还是要请人按摩,或请推拿师。

这种器具比不上人手,能不能生产一些效果更好的器具呢?

现在电视机、电冰箱等家电产品都做得很出色、很高级,按摩器、推拿器等却是这般水平,是只能做得粗糙,还是同行界过于怠惰呢?

原因究竟出在哪里呢?

当前使用这些东西的人,只是老年人或轻微患病的人,不能大声诉求。

于是很多人对此就不抱希望了:没办法!

现在普通的健康运动器具花样繁多,但绝大部分却是为年轻且健康的人提供的。

可以说,基本上没有生产老年人所需求的运动器具。

也没有认真地调查过老年人的这种需求。

如果特意让我选择个人所需的东西,那就选腿部按摩器。

很多老年人虽然健康,但腿部血液循环不好,一般觉得步履沉重或小腿浮肿。

为了防止或减轻这种症状,需要缠在小腿上并使之振动的器具。

现在这种东西倒有,如能制作得具有根据症状加强或减弱震动强度的调节功能,那就更好了。

而且大腿部也需要同样的东西即大腿按摩器。

若有上臂按摩器,也会很方便的。

可是,现在去很大的家电零售店基本上也没有这种东西。

现在的老年人去不了零售店。不,别说是老年人,即使是很健康的人也很少去零售店。

一般都是家属或朋友去零售店。

去了以后,他们会想:"这玩意儿可以给爷爷用。""给他买,他会高兴的。"

因为探望老年人时,没有合适的东西可带,很多人感到为难。

若送衣服,不知人家能不能穿;送吃的,人家也许会挑剔;送书刊和杂志,人老眼昏花,阅览不容易,或许人家本来就不感兴趣。

该怎么办呢?

如果为老年人送肩膀按摩器或腿部推拿器,肯定会受到他们的欢迎。

"把这个接这儿,按一下这个开关!"说明用法并在他肩膀或腿上试一下,他会很高兴。

如果老年人用不好,说不定家属或者护理人会很好地利用。

然而,普通电器店里基本上没有这种家用电器。

为什么呢?理由很简单。因为现在的老年人不能大声说想要哪种电器。

为什么不能大声说呢?

因为绝大多数老年人都闭居家中不外出,过着孤独而封闭的生活。

这样的老年人,会有明确的需求。至少有自己想要的东西。只是不能高呼。

不过,厂商方面应该积极地拾取和汇集这种呼声。

既要倾听年轻人响亮的呼声,也要倾听老年人隐秘的呼声。

这样有关行业也会获得进一步发展。

也许是我多管闲事,不知不觉地就有了想法,把它记录下来。

年差婚追想

直到最近,年差婚还不断地被人们所议论,我想谈谈个人看法。

人们议论的年差婚,年龄相差最大的是加藤茶先生[①]和一名女性。

他们结婚时,加藤先生六十八岁,那位女性二十三岁,年龄相差四十五岁。

接下来是六十八岁的寺田农先生[②]和三十三岁的女性,相差三十五岁。六十五岁的堺正章先生[③]和四十三岁的女性,相差二十二岁。

还有黑田阿瑟先生[④](五十岁)和美甲师(三十三岁),相差十七岁。

另外,高桥克实先生[⑤](四十九岁)和女伴(三十五岁)相差十四岁。

---

① 加藤茶,原名加藤英文,生于1943年,日本著名搞笑艺人、歌手、演员。
② 寺田农,生于1942年,日本演员。
③ 堺正章,生于1946年,日本电视艺人、歌手、演员。
④ 黑田阿瑟,1961年生于美国的日本演员。
⑤ 高桥克实,日本演员,1961年生于新潟县。

还有美发师(四十岁)和小仓优子女士①(二十七岁)相差十三岁,荻野健一先生②(六十岁)和富田理加女士③(四十八岁)相差十二岁。

这些都是大男小女,女方明显比男方年轻,相差十几到几十岁,我应该对各位男性说:祝贺你们!

年差婚并非始于现在,昭和五十年代,上原谦先生④(六十五岁)和大林雅美女士⑤(二十八岁)相差三十七岁,其婚姻曾在社会上引起轰动⑥。

年差婚一般是值得庆贺的,我对此丝毫不想吹毛求疵。

假如我身边有这种婚姻的人,我一定会当场说:"祝贺你!"

不管怎样,和年龄相差几十岁的年轻女性走到一起,是不容易做到的。因而,这是值得庆贺的。

要是有人问我:"你能做到吗?"说实话,我难以做到。

当然,结婚是双方当事人的事,别人不该说三道四,至少我是做不到的。

绝对做不到。

如果有人问为什么,那我就难以回答,老实说,是因为男性很容易衰老。

---

① 小仓优子,1983年生于千叶,日本模特儿、演员、实业家。
② 荻野健一,生于1950年,日本演员、歌手。
③ 富田理加,1962年生于神奈川县,日本模特儿。
④ 上原谦(1909—1991),日本电影演员,生于东京都新宿区。
⑤ 大林雅美,1947年生于北海道,日本电影演员。
⑥ 此处所指年龄均为当事人结婚时的年龄。

因为现在日本男性平均寿命八十岁,女性平均寿命八十六岁。

男女平均寿命相差六岁。

男性要比女性早死六年。

当然这是平均数值,有的男性过了八十岁仍然很健康,而有不少女性七十来岁就已经去世了。

不是说平均值绝对,通常,男性要比女性早六七年衰老或逝世,这是千真万确的事实。

这种年差婚的男性们对这种差异有何感觉和想法呢?

我想更进一步地问:年差婚的女性们怎么理解这些情况呢?

我现在八十岁,已经达到了日本男性平均寿命。

所以手脚和肩膀很虚弱,暂时还能正常地写作。

应该说还算过得去,但全身已经虚弱,快走很困难,也不能打高尔夫。这就是现实。

具有这种身体状况的不只是我,有的老朋友和同学们也这样,近三成已经去世。

并且也有不少男性,虽说仍然活着,但得过癌症等重病,仍在医院接受治疗。

总之,大部分男性过了八十岁就会或去世,或住院,或门诊治疗。这是现状。

而这时年轻几十岁的女性该怎么办呢?

此时,她们四十岁到六十岁,正是中年鼎盛时期。

她们尚对生活充满自信,对一切事物积极主动,勇于活动。

正在生病或住院的男性们,怎样配合这样的女性们呢?

男女之间这种体力差,年差婚龄越长越明显,男性上年纪后,夫妇完全不宜在一起生活。

当然,不是说所有年差婚夫妻都会这样。

若年差婚男女年龄倒置,妻子大丈夫十岁,晚年倒是容易生活在一起,实际情况也的确如此。

当然,如果是让她照看男性晚年而实行年差婚,那另当别论,如果不是这样,年差婚对老年男性来说就过于残酷,这是我的实感。

大家会如何考虑这些问题呢?可能很多人会说,以后怎么样都无所谓,但是"以后"的问题会意想不到地迅猛到来。

监狱也迎来白发浪潮

据说全国的监狱正在为关押老龄罪犯而大伤脑筋。

在二〇一一年末,七十岁以上的老年犯人达到二千五百人,这是十年前的三倍。

在这些犯人当中,有很多人衣食起居需要护理,狱警的负担在增加,有的监狱还雇佣理疗师,给他们治病,以防服刑者卧床不起。

导致这种高龄服刑人员剧增的原因是再犯罪率高,初犯罪人员高龄化。

据说上年入狱的七十岁以上的服刑人员有九百六十五人,其中六百四十三人是再入狱者,占百分之六十六点六。近十年,未满七十岁的再入狱率是四至五成多,七十岁以上的则是六至七成多。

府中监狱正在服刑的男性犯人说:"下次再进监狱,就会死在这儿了。"他还发誓要重新做人,据说他这是第八次入狱。

他因生活拮据,在超市扒窃食品,如初犯会判缓刑,可他被判处两年徒刑。

据说这个人上次出狱后，找不到工作。他低着头说："我最大的难题是从这儿出去后，怎么办？"

据说法务省为了防止这些老年人再犯罪，自二〇〇七年起，在部分监狱配置了社会福利师，接受罪犯出狱以后的生活咨询。

厚生劳动省也从二〇〇九年度启动"地域生活定居支援事业"，以使老年犯出狱后能够接受福利服务。

府中监狱的职员面带愁容地说："有一半老年服刑人员出狱后无家可归，这些没有去处的老年人会再次犯罪入狱。"

以上依据二〇一二年九月二十三日《读卖新闻》报道。看完这则消息，能够理解这些监狱职员的心情和老年服刑人员的心情。

尤其是有的老年服刑人员走上社会后，再次犯罪而又回到监狱的情况，其中也确有无奈的成分。

当被监狱宣布：你刑满了，可以出狱了……但你走出监狱，该怎样生活下去呢？

有相应的收入，才能很好地生活，这是自然而然的事情。可超过七十岁的男性怎样才能获得收入呢？

直到现在，没有任何地方雇佣七十岁到八十岁的男性。

本来这个年纪的普通男性，绝大部分靠养老金生活，再继续工作的人少之又少。

何况人家知道你有犯罪前科，肯定不会给你工作。

但眼前的生活，需要食物和生活必需品。

这样,他可能又要去便利店或超市偷窃。

他又要作为再犯者重返监狱。

老年再犯罪者数量有所增加,与此有着很大关系。

与这些累犯的男性们相比,累犯的女性们似乎要少得多。

本来,老年女性与老年男性相比,可工作的地方和机会要多得多。

七八十岁的老太太们有各种工作可做,比如说保洁员,还有烹饪和杂务都可以做。

与其说她们可以做,不如说她们做这样的工作很像个样。

还可以根据情况陪着孩子们玩儿、负责照料和监护。

也可以照顾行动不便的老年人和护理卧床不起的病人。

假如说她们干什么都行,也许有点不礼貌,但尽可以让她们做各种工作,工作起来也像个样,周围的人们也能放心。

对此,老年男性怎么样呢?

八十几岁的男性什么也做不了,七十几岁的男性做保洁员或杂务,恐怕也不像个样。

当然,这个年龄的人也不想做,就是想做,人家也不愿意让他做。

照料孩子、护理病人等事也难以做好,而且越来越做不了。

男女之间这种差异是如何形成的呢?

要说男女之间的性别使然,那就到此为止。不可否认的是,男女之间的差异确实大。

不能说男性上了年纪就可以悠闲自在。

在自然界,无用的雄性动物会遭到伙伴的抛弃而灭绝。

比如说,雄性动物丧失生殖能力,或因年老而丧失捕猎能力,往往会被种群淘汰而消亡。

我觉得这是很无聊的,希望人类社会能稍微平稳一些。

男人啊,恋爱吧!

最近,年轻的小伙子好像不再追求年轻姑娘了。

这是很多女性说的,到底为什么呢?

于是,我就向年轻的小伙子问询、求证,好像这是对的。

就是说确确实实,最近年轻的小伙子们不怎么追求年轻姑娘了。

这是为什么呢?

我再问年轻的小伙子们,他们说追求也没什么好事儿。

具体地说,就是费了若干功夫,仍抓不住女孩子。

年轻的小伙子们,不应当视此而退。

然而,怎样设法打破现状呢?

像我这样的大叔也担心,就问了几个想得开的男性。

了解到他们都在认真地追求女孩儿。

从相识时,就好好介绍自我,并把她请到漂亮的西餐馆,在富有情调的地方反复幽会,加强与她的沟通,密切与她的关系。

这没什么不好。

没错儿,应该是这样恋爱,一般都是这样健康发展而结合到一起的。

这样也许彼此都会觉得累,感到麻烦。但这是必经的过程。

年轻时的幽会也可以再随便一点,再自然一些。

如双方在不经意间相识,这样顺当的见面过程,也许会使双方相互喜欢。

我想应该有这种感觉。这可不是我的主观臆想。

和女朋友幽会可不用这种办法:如认定非她莫属,就把对方明确下来,而适当地和她反复幽会。

当然,通过相亲认识的,也可以这样,但现在相亲的很少。

并不是说非要怎样,首先是找个见面机会,在见面过程中就会喜欢,并从这一步开始交往。

因而也可以不用从一开始就把对方视为女朋友而幽会。

这么说,也许觉得不可思议。一般来说,男性比女性所想象的更为忠诚和认真,且性子急,缺乏耐心。

因而在幽会过程中,女方对自己没有满意的答复或态度不明朗,男方就会着急。

总而言之,不能泰然处之。

所以,有时男方强行要求对方作答复,或进而向对方要求发生性关系而遭到女方嫌弃,最后以失败而告终。这种情况也不少见。

怎样才能消除男性共有的、性急而不能忍耐的缺点呢？

最重要的就是不要过于认真地追求一个女性。

那么，大家也许会认为这样不就让她跑了吗？其实不然。

你这么正派、性急反而没有好处，要反过来做。

具体地说，就是不要只追一个女性，要追好几个女性。

大家也许会认为是追两个、三个或更多。

那干脆就追四个或五个，而且同时追。

当然，追多个女性是很辛苦的。

既要照顾这边的女人，又要照顾那边的女人。

也许这样很辛苦，很难做到。

不过，很多时候也见成效。

原先只追一个女性，因为过于正派和诚实反遭到厌弃。

现在有四五个要追的对象，虽然不能面面俱到，但可以平静地、安安稳稳地与女性接触。

女性对象也会松一口气，你自己也会变得更和蔼，相互可以悠闲自在地交往。

如果她得知你另外还有喜欢的女性，也许她会重新认识你。

这样未必就一切顺利。但不管怎样，让她看到你的另外一面，让她了解你，你的价值就一定特别明显。

总之，恋爱不应该穷追女朋友。

应该是在愉快地闲聊中，相互喜欢上对方。

这样，你和对方都觉得轻松、惬意，相互容易适应。

有时会找到不是你原先锁定目标的女性。

这样也好。任何事情,尤其是恋爱方面,积极思考才会更加有利。

以上是像我这样的大叔所思考的恋爱策略,希望有兴趣的男性进行尝试。

男性要恋爱!同时要追求多个女性!

这也是男性和女性都所希望的。

由三高到三平

找个什么样的女人结婚最为理想呢?

关于这一点,已由原来的"三高"变成了最近的"三平"。

有个经营婚介的结婚情报中心进行了专项调查。

根据对三十到四十几岁的男性和女性的网上调查,所谓的"三平"受到男女欢迎。

调查举出了"三高"(高学历、高收入、高个子)、"三平"(平均年收入、平均外貌、平稳性格)、"三低"(低姿态、低依存、低风险)作为找结婚对象的条件,选择三平的男性占百分之八十一点九,女性占百分之七十二点八。

理由是"普通最好,可以自然地交往"……

对于在走向婚姻过程中,发挥引导作用的"肉食系"[①]受欢迎的

---

① 指在恋爱过程中积极的男子或女子。

程度,女性选择者占百分之八十七点二,男性选择者占百分之四十五点二。

针对离异经历,认为"离异者好""不管怎么说,还是离异者好"的女性占百分之四十八点七,男性占百分之三十八。

对此,结婚情报中心人员说:"现在找对象的方法变了,希望原先没有迈出步子的人也发起挑战!"

以上是依据通讯社报道的事实,把它归纳起来,就是:欲结婚者希望安定,所谓"普通最好"正成为时尚。

怎么看待以上调查结果呢?

人各有志,以像我这样的大叔看,首先是惊叹:过去的年轻人曾对结婚怀有多么大的理想啊!

如同古时候有"锦轿"这个词语,很多人对结婚怀有理想,想通过婚姻改变命运。

同样,男性也对女性对象怀有很大的理想,此类男性也不少。

三高正是实现这一理想的条件,但是没有那么多人条件俱全。

追求"三高"不会顺利,成为理所当然。

同样,男性追求漂亮贤淑、优雅善良的女子,但这样的女性也较少。

故此,人们已经开始追求三平了,这种追求并非始于现在。

人都想尽可能地让别人高看自己,以受众人喜欢。

但是男女相处有顺利的,有不顺利的。

不,只有极少数人顺利,绝大部分人不顺利,这就是现实。

所以,落后的男女都这样宽解、说服自己,也有人会与不是很理想的人结婚。

其中也有人不能说服自己,一直不婚而错过婚期。

未婚者人数的剧增,使不再高举理想旗帜的人多了起来。

这就是所谓"普通最好""可以自然交往"这种想法蔓延的原因。

以前,人们结婚需经历"相亲"的过程。年轻人一般都是通过这种形式结合的。

在这种习俗下,一般不会出现通过婚姻来改变命运的情况。

劝人相亲的大妈会斟酌双方的条件,约两个人见面,说相互合适。

当然,大妈对双方家世,男性的职业与收入,女性的外貌、性格和趣味都统统调查过。

因为双方互相了解基本情况,成功率很高。

有的媒婆说,她已介绍成功了二三十对。

现在的年轻人不愿依赖别人,自由地与心仪人直接见面、互相对话,亲密交往,不再需要媒婆了。

但是,这样做会缺乏一定的客观性,不能得知他人对自己的评价,也会错估对方,错误评价对方。

应该探讨恢复相亲习俗的客观性和可能性。

一提到相亲,有些人认为过时了,但通过这种习俗而获得拯救的人却特别多。

对于日本人来说,不能像欧美人那样完美地表达自己,所以这种习俗还是很受欢迎的。

　　希望有闲暇时间的大叔和大妈协助恢复相亲习俗。如果有人说：谁还张罗那种麻烦事儿！那就算了。

　　人际关系的孤立化好像在各个方面都表现得冷漠而乏味。

要瞄准老年人!

不是因为自己是老年人才这么说,最近日本的高龄化现象很显著。

下面重新思考一下这个问题。

首先是老年人占总人口的比例。

一般被称为老年人的年龄是六十五岁以上。

距今二十二年前,即一九九二年十月一日,全日本六十五岁以上老年人不同性别的占比,男性为百分之十点八,女性为百分之十五点二,男女合计占总人口的百分之十三。

十年后,即二〇〇二年,男性占比增长到百分之十六,增加百分之五点二,女性占比增长到百分之二十一,增加百分之五点八。

也就是说,这十年间,老年男女都增加了百分之五以上。

到二〇一二年,男性占比达到百分之二十一点二,女性占比达到百分之二十六点九,又分别增加了百分之五多。

比较一九九二年，二十年间，男性增长百分之十点四，女性增长近百分之十二。

怎样看待这种增长呢？看法可能因人而异，但不管怎样，男女都有惊人的增长是确凿无疑的。

对于这些老年人的增加，现实社会是如何应对的呢？

这是个很棘手的问题，确切地说，时至今日，任何人都无能为力。

因为很多人都知道老年人在增加，却没有采取相应的对策，只是坐观其增。这是现状。

那么，谁应该做什么呢？

明确地说，对此反应最迟钝的或许是电视业界。

媒体知道六十五岁以上的老年人口在急速增长，应当编排一些相关的让人感兴趣的节目，向社会发出警示，吸引当代人关注这个问题。

然而迄今为止，媒体一直没有这么做，没有增加与老年人相关的节目。

依然在做那些适合年轻人口味的任意胡来的节目。

这样就无法吸引老年人。

而现在看电视、对电视最关心的却正是老年人群。

因为老年人不大去户外，也不在外面工作，居家时间比年轻人多得多，看电视的时间也长。

为什么不制作老年节目呢？

理由很简单。现场制作电视节目的人大都很年轻。

都是二三十岁、最多四十几岁的人在做节目。

他们不了解老年人的口味,不清楚他们感兴趣的节目。

那该怎么办呢?

方法也很简单。只要坦率地向老年人询问:您喜欢看什么样的节目?

老年人会据实回答所向往和所期盼的内容。比如医疗节目:怎样治疗各种疾病,如果求医,哪家医院的哪些医生好等等。

也可提供老年人可以轻松参加、能够惬意享受的文娱活动信息。

据说在某个地区举办老年人围棋、象棋会和舞会,就很受好评。

还有人喜欢高寿主人公活动的电视剧,很多场面也受到女性欢迎。

二三十岁和四十几岁的工作人员能够制作这样的电视剧吗?

其实,以前也有人说过出版业界的问题。

现在,从周刊杂志到月刊杂志,再到单行本,六十几岁以上老年人所阅读的比率已经很高。

而年轻人偏重于网络,阅读铅字的比率正在下降。

实际上,编辑周刊杂志和月刊杂志的工作人员也不过三十几岁到四十几岁,最大的至多五十几岁。这也是个问题。

这就和电视业界一样,杂志编辑要探求六十几岁以上读者的真正需求就有困难。

如何改变这种现状,也是现在出版界的一个大问题。

从六十几岁到七十几岁再到八十几岁的这一部分人，最有闲暇时间，也多是经济上富裕的一代人。

如何抓住这一商机，可以说是值得出版界和电视界共同探讨的。

不仅如此，这个年龄层的人，有很多是从一流企业退休退职的，有很多养老金和存款，应把他拽到各种场所投资和消费。

这也会成为恢复景气、振兴日本经济的动力。

总之，要把大叔和大妈拽到外面来让他们消费。

需要改变老年群体消费滞后的形象。

在退行性变化中

有个词叫"退行性变化"。

这个词在医学界常用,是个不难释义的词。

它是指在各方面渐渐失去原有力量或能力的过程。

比如说跳跃力。

人年轻时可以很轻易地跳一米高,过了四十岁就难了,到五十岁就不可能了。

这种随着年龄增长跳跃力渐渐减弱的过程,也叫退行性变化。

不只是人,各种动物也都无法避免退行性变化,人还是退行性变化最慢、延续时间最长的生物。

实际上,人从二十五六岁开始就出现这种变化,若寿命达到八十岁,我们要在这种退行性变化中生活五十余年。

这对于理解人在发生退行性变化后的生活方式是很重要的。

体力随年龄下降是无奈的事实,如何延缓这种情况,可以说是保持年轻和健康的秘诀。

其实平时加强运动、锻炼全身以延缓这种退行性变化的人不计其数。

也有很多人愿意从事与体力有关的某些工作,也可以说,这种人喜欢从事不太显著出现退行性变化的工作。

我认为运动员则不是,如滑冰运动员,尤其是花样滑冰,还有体操选手。退行性变化特别早地出现,很难长期活跃在体坛。

足球和橄榄球也是这样,选手的运动寿命很短。

棒球或许比较长一些。

运动员到了四十岁前后,引退的人就会增多,结束运动生涯。

原先主要从体力方面考虑这种退行性变化,其实也出现在智力领域。

举个例子,比较好懂的是围棋、象棋,现在围棋界的头号明星是井山裕太六冠。

他年仅二十四岁,却几乎独占了围棋界的重大锦标,令其他职业棋手望尘莫及。

看看他活跃的样子,智力世界也是仅限于其技能,似乎二十二三岁就达到高峰,以后就逐渐产生退行性变化。

其实被誉为天才职业棋手、获得过很多锦标的职业棋手们,也是随着年龄增长而丧失锦标,最后只有"名誉"称号。

也就是说,随着年龄增长,身体产生退行性变化,只能成为无冠之王。

这是一种自然状态,确实如此,应该说很遗憾,也很残酷。

正因为这样,才会有世代交替。

假如智力在二十二三岁达到极限,那么过了这个年龄段,就会迅速地失去活力。

从今以后该如何生活呢?

也许有人会沉思,从今以后也会蛮有趣味的。

人一般从四十岁到五十岁,再到六十岁,随着年龄增长,基础体力在下降,智力也会下降,一定会经历严重的退行性变化。

一般认为:年长者在体力和智力上都比不过年轻人,却也有很多人从容不迫,无所顾忌。

这是为什么呢?

因为现在人们重新认识到一种东西,称为"对人力",或"与人交往力"。

具体地说,就是见到人,首先要热情地打招呼,互相握手,并和蔼地问一声:你身体好吗?

然后就要切入对方喜欢或感兴趣的话题,统一意见,双方立刻就会亲密起来。

老年人相应地拥有这种与人融合力。

明确地说,如果人还年轻,就没有这种东西。哪怕是天才职业棋手,这样与人巧妙地交往也很难的。

或者说,哪怕是一流花样滑冰的著名选手,也没有这种与人交往力。

不应该忘记的是,这种与人交往力一般不会产生退行性变化。

四十几岁或五十几岁所养成的这种与人交往力,到了六七十岁绝不会迅速消失。

这种东西是随着年龄增长逐步形成,因而不容易消失,而是在他身上很柔韧地保留下来。

人上了年纪,应该珍惜这种力量。

当然,也有人弄巧成拙,与人交往时给人无形压力,但他会在日后的生活过程中,逐步改善,增长"与人交往力"。

其他东西都处在退行性变化中,唯有这一点需积累养成,且弥足珍贵,所以希望务必加以保护。

要用恋爱恢复活力！

我在以前写过的《老人指南》中曾说过：上了年纪，就谈恋爱吧！

主要是针对六十岁以上的男性说的，有人却发牢骚说他怎么也做不到。

我想这次要重述这个问题。

首先要恋爱！这样能使男女双方都恢复活力。

如果想年轻，就要谈恋爱。

这要比其他任何返老还童的妙药都有效。

实际上，我周围就有人是通过恋爱而恢复活力的。

我现在尤其想奉劝大叔们。

你过了六十岁，离开公司，就陷入孤独。待在家里，妻子觉得碍事，会说：你去外面吧！

这样的男性可能就会去外面。

让妻子打发出来，也是外交的良机。

趁机要谈恋爱。

可能大部分大叔会说：我不会做这样的事儿！

或者会垂头丧气地说，就是想谈恋爱，也没有那么多年轻女孩，就是有，也很难。

准确地说，大叔们这就搞错了。

不要认为在道旁走路，或者散步途中就会找到女性。

这是不可能的。要想和女性亲密交往，首先要去有女性的地方，或者去参加聚会露个面。

比如志愿者会或者联谊会。这种情况，可以参加素描会或者俳句会等等，什么会都行。

可能有人会说，我完全不会画画，也没做过俳句。

不会画不要紧。太不会画，反倒会逗笑很多人，这就有了人缘。

或许还会有女人想："我帮帮那位大叔！"

再说，既然已退休，从公司辞去了职务，无论怎么暴露自己的缺点都没关系。

当然，不想丢面子的人，可以参加花会或者茶会。

因为这种会上女性绝对多，会有很多接触良机。

那么见到女人，被她吸引住时该怎么办？

我这么说，也许大叔会发牢骚："那种地方基本上没有年轻女性。"

问题是，你不能要求过高。你自己多大啦？假如已七十岁，就是女性和你同龄也不要发牢骚，这才是男人的宽容。

你要是说"你是个老太婆",对方或许就会以牙还牙"你是个糟老头子"。

在这种地方发现女性可以交往,就赶紧打招呼。

如果是花、茶之类的联谊会,你也可以天南海北地打听一下,心情会很舒畅。

你作为一个很了不起的大叔,竟会问起对方一些小事,对方就不会有恶感,会轻松地跟你搭腔。

在这样相互对话的过程中,就会有你们两个人的时间。

临走时,要热情打招呼:"不再喝杯茶吗?"进而再邀请一下:"简单地吃个饭吧……"

当然,不知顺利与否,只是你邀请一下,对方不会觉得不好。

通过以上过程,两人可能开始幽会,这时最重要的是不要急躁,也不要因为喜欢她就故作姿态。

男性若急躁,不愿等待,就要先另找几个女友聊聊。或者焦躁时,和另一个女友悠闲自在地喝茶,平定心绪。

如果反复和别的女友喝茶,女方反倒会变得积极起来。这才是良机。当然,不一定都会这样。

在咖啡店只有两个人时,务必要夸奖对方。

这么说,有人马上就想故意夸奖对方容貌,这样就过分了。

可以装作无意地说:哎呀,今天的发型漂亮啊!或者说:你好像有点瘦了!她听到这样的话,一定会很高兴。

要是真觉得容貌和发型没有什么可夸奖的,那就夸奖她穿着的衣服或者是围巾。

就说:那件毛衣很合体啊!或者说:围巾挺漂亮啊!

还可以夸奖她拿着的提包或穿着的鞋子。

女性受到别人夸奖,就会变得漂亮和温柔。

尔后可以发展成情爱关系,也可以不到这一步。

总之,只要有相互喜欢的人,男人或女人就一定能恢复活力。

健谈是精力充沛的根本

我曾经上过一个叫《2001新报道》的晨间电视节目,遇见过名古屋阿银的四个女儿。

当时的大女儿年子九十八岁,三女儿千多代九十四岁,四女儿百合子九十一岁,五女儿美根代八十九岁。

二女儿在两岁时去世,她们现在被称为四姐妹,四个人都很健康。平均年龄是九十三岁,可以说是长寿之家,非常出色。

人们见到四姐妹,常会问:你们怎么这么健康呢?

四个人都不会正经地回答。

只是互相对视,歪着头说:"哎呀……"

又有人问:喜欢吃什么食品?有什么健康之道?她们的说法各不相同。

要从四个人那里引出适当的健康之道,似乎是不可能的。

不过,她们都因精力充沛而喜笑颜开。

最后有人问：四个人平时做什么呢？她们会互相望望对方的脸，就说一句"闲聊！"。

大家都露出疑惑的表情，难道是真的？

我很佩服这个回答，"闲聊"也许是最重要的。

假如说这是健康之道，也许会被人笑话，但这是真的。

说起来，阿银的千金们凑在一起闲聊是很棒的。

他们当中最小的已九十岁，要是各自讲孩提时代的事儿，叙说各自漫长的人生经历，那就多得不能再多了，多得讲不完。

所以，四个人每天都这么闲聊，是很了不起的。

没错儿，闲聊万万岁。

也许这样说，有人会发脾气："闲聊怎么会好，真是岂有此理！"

对于闲聊，学校不准许，在公司里也严禁闲聊。如果有人闲聊，会立即被辞退。

的确，在那些地方闲聊的确不好，如果是内部的伙伴，闲聊是没关系的。

想闲聊的人会不断地闲聊！

这种闲聊最多的是大妈们。

她们在工作时很谨慎，一旦午休或者工作结束，几个人会很快聚在一起不间断地闲聊。

男性们会感到惊讶：她们怎么会聚在一起讲得那么无聊！

男性们基本上或者完全不说废话。

去敬老院看看,大妈们用餐时,也是几个人聚在一起谈笑风生,吵得要命。

大叔们却默默地吃饭,吃完饭,赶紧返回自己房间,躲在孤独的角落里。

乍一看,大叔们井然有序,恰恰这就是短命的原因。大叔要早死六年。

也就是说,沉默寡言,不和人讲话,会导致不动脑子,没有刺激,身体越发衰弱。

照此来看,人越是开朗、快活地吵闹,越会健康长寿。

与此相反,人要是不开朗,不快活,封闭在自我世界里,会更加虚弱而短寿。

为了克服这种弊端,男性上了年纪更应该多与人接触,好好聊天儿。以利激活大脑,保持生机勃勃。

轻松、快活地与人接触,闲聊一番,这一点与女性们相比,男性们是绝对不擅长的。

他们会悄悄溜走:不说那些他们以为无聊的、没意义的话。

配合他们闲聊,其实是需要动脑筋的。人到了高龄,必须经常动动脑筋。这一点很重要。

如果这样配合女人,也许就会意想不到地喜欢上一个人。

男人和女人无论到多大岁数都是异性,都是不同的生物。

因此,接触女性或许是大脑变化和身体健康所需要的。

一说到闲聊,男性们往往会蔑视,其实不应这样。

闲聊是健康的根本。不管是有意义、无意义的闲聊,都能激活大脑,使身体恢复活力。

沉默寡言、意志消沉的大叔们!现在应该改变原有的生活方式了,要做一个轻薄的闲聊的大叔,可以吗?

思考夫妻的无性生活

据说无性夫妻的数量正在增加。

以下是日本家族计划协会诊所北村邦夫所长提供的数据。

根据日本家族计划协会对全国十六至四十九岁的三千多人的调查结果,一个月没有性生活的夫妻,二〇〇四年为百分之三十一点九,二〇一〇年超过百分之四十,二〇一二年为百分之四十一点三,增长速度有所减缓,但仍在发展。

对性生活不积极的理由,男性说"工作累了"的占百分之二十八点二,女性说"非常麻烦"的占百分之二十三点五。

北村所长说:工作问题也会对性生活产生影响。企业要尽量减少加班,这也可以成为克服少子化的对策。

各位读者看到这些数据,会怎么想呢?

人在十六岁到四十九岁是年富力强时期,也是性欲最旺盛的时期。

与其说这些人们对性生活不积极,莫如直接说没有性欲。这个问题是不能忽视的。

这也是少子化日趋严重的直接原因。

现在,已婚男性说"工作累了",回避与妻子过性生活的情况并不少见。

妻子提出性要求,男性这样搪塞而逃避。

实际上,丈夫在外乱搞男女关系,或者从妻子那里感觉不到性的魅力,或者对性生活厌腻时,就常用这种方法敷衍。

并不是公司的工作轻松了,自己就过性生活。

三十几岁到四十几岁时,在公司里再忙再累,也能和自己喜欢的女性缠绵。

因此,应该说:工作忙只是厌烦和妻子性生活的借口。

从女性方面看,妻子说"非常麻烦"也是托词,也很可怕。

再迟钝的男性也会因此受到伤害,兴致全无。

如果男性对待妻子再温柔一些,妻子也许就不会说这种话。

妻子对丈夫说这种话,说明男性先前对待妻子太过粗暴,或者太过自我。

对于性生活,丈夫说"工作忙",妻子说"非常麻烦"——想象一下这样的夫妻,不能再说他们是夫妻了。

可以说她们只是假装夫妻,或者只是形式上的夫妻。

怎样才能改变现状呢？

一般说来，就是要消除障碍。也就是说，要让男性在公司里工作轻松一些，不要让女性觉得过性生活麻烦。

要是这样就能解决问题，那就想得过于简单了。

现在需要的是，从根本上改变双方的性生活观念。

什么是性生活？有人以为就是自己阴茎勃起，插入女性阴道，然后以腰部为中心强烈地反复地前后运动，尔后射精，即告完成。好多男人都认为这是性生活的全部。

其实，这是错误的。

性生活并不单纯是这样狭隘的性交活动，而是一种更具广泛意义的、丰富多彩的夫妻行为。

比如，说"我很想见到你！"或者说"我和你在一起就开心！""这样就放心了！"等等，必要时和她接吻，或从胸脯爱抚到背部，再从腰部爱抚到胯骨之间，最后爱抚阴道口，让女性感觉浑身舒服。

很多男人认为这只是前戏，其实不是，这也是性生活本身。

有人会说这样做不得了，不合适，没必要。持此观点的人也可以不做。

但是要接近妻子，互相轻轻拥吻，可行肌肤之亲。就这样不做爱，只睡觉也没关系。

性生活应是始于这种温柔的相互亲昵，进而达到性行为。

这整个过程都叫作性生活。如果男性反复进行这些动作，妻子也就逐渐地温和起来,不再说"非常麻烦",反倒愿意温存地做爱。

如果一对和睦的夫妻经常推说"工作忙""非常麻烦",背对背睡觉,那就太遗憾了。

他们应该改变性生活观念,相亲相爱,相依为命。保持和谐的性生活并繁衍子孙。

闲话履历书

我去年在《日本经济新闻》发表过一篇叫"我的履历书"的连载文章。共连载三十次。

我若把原有的经历都写下来是很困难的。

因此,只想写一下创作小说的开端和过程,最多写到拿直木奖。这样也就足够了。

我想改写和增删一下内容,可是,要哪一部分,不要哪一部分,这种取舍也相当难。

我想尽量写一些让读者觉得有意义的东西,但是都写下来,就会给各方面的人带来麻烦。或者说有很多事情,我自己也觉得难办。

这些情况该怎样选择和归纳呢?这方面是专业作家最拿手的本领。

然而,连载结束后,我又有点遗憾:要是各方面的东西再多写点儿就好了。

执笔时觉得够受的,写完后却又恋恋不舍,这也很荒唐。

所以,我想在这里写一下,原先想写却受连载篇幅限制而没能写出的东西。

请各位读者见谅!

大约是三十年以前,我让某个女性狠狠地教训了一顿。

这是由我而起的,因为我乱搞男女关系暴露了。

她勃然大怒,开始指责我。

地点是在办公室,我坐在沙发上,她站在我对面。

"你太过分了!竟把女人领到这儿来!你不正经,最差劲,不是人!"

一定是气昏头了,她挥起拳头,往空中打了好几下。

我立着前腿坐在她面前,一个劲儿地道歉。心里想:错误在于自己,挨骂出于无奈。

她骂道:"你不是人啊!你是狗或是马,不,你连狗和马都不如。"

听到这句话,我想:"她说什么呢……"我连狗和马都不如吗?

"你是个缺头少胳膊的、连动物都不如的玩意儿,坏透了!"

她说得这么严重,我想把整句话记录下来。

这是我第一次让女人骂得这么狠。

这句话好像日后能用上。今后写小说,写到女人责备男人乱搞男女关系时,务必用这句台词。

"你是狗或是马,不,你连狗和马都不如……"我悄悄地嘟囔着,怕忘记了。

要是在她勃然大怒时用笔记下来,会进一步地激怒她。

怎么办呢?我仰起头来时,看到了卫生间。

里面有卫生纸,我口袋里刚好有笔。

"对不起,让我去一下卫生间!"

我坐着向她行了个礼,央求道。

听说我想去卫生间,她好像也不再生气了,便疑惑地盯视着我,似乎是无奈地点了点头。

顷刻,我便站起来,跑进卫生间。

当然不是为了解手。

我撕下卫生纸,把她刚才说的话全部写在纸上。

"你是狗或是马,不,你连狗和马都不如……"

写完,我悄悄地读了一下遍,得意地点点头。

"好,就这样……"

我把卫生纸放进口袋,回到房间一看,她还站在原先的位置上。

我没有办法,只好又在她前面坐下来,低下头。

我想说:"来,你再继续说吧!"这样也许就有点太过分了。

于是,我就默默地低下头。她却唾弃般地嘟囔道:

"好啦!"

她可能是在我去卫生间时冷静了下来,尔后她去了厨房。

我一边目送她,一边嘟囔道:"谢谢!"不知她听到没有。

挨训也好,挨骂也好,通过这段生活,也能积累素材。这样的想法,也说服了自己。

写完《再爱一次》

我两天前把稿子写完了。

这么说,或许很多人都不明白意思。

我是说,两天前写完了在报纸连载的小说《再爱一次》。

无论是写报纸连载小说,还是写杂志连载小说,我在结尾的那一刹那,就想高呼"很棒!"。

每件作品都要经历半年至一年连续不断地写作,好歹才能写完。

中途有时会写不下去,或者感到迷茫而不知所措。

然而责编很严厉。

"怎么样啦?请你快点儿交稿!"

这样还好。他们往往大喊:"现在不赶紧交稿,就赶不上啦。"

真是这样,我怎么困难都要抓紧写。

总不能在发行的报纸上挖个窟窿吧。

不过,我曾梦到过出现空白的报纸。

这确实很恐怖。应该事先制订好写作计划,按时交稿,避免出现类似情况。

也可预先写好一部分,免得到了期限交不上稿,让编辑发牢骚。

起先是这样想,但过不了几天就被追逼得手忙脚乱。

不管怎样,要把报纸的版面填充起来。

我也曾写过应景之作。

这样的稿子出单行本时,必须删除重写。

这次写《再爱一次》,多亏没有这种事。

不能说每一片段都竭尽全力,但自觉所写稿子基本满意。

在报纸连载的稿子和单行本的稿子截然不同。

凡在报纸连载的小说,若想反复阅读,前几天的部分内容较难找到,单行本只要退回几页去,就可以确认。

正因为这样,出单行本时,重复部分就要尽量从略。

还有一种情况是,报纸连载时觉得可以,过后通读一下,就觉得写得不好。

这次没有这种情况,就决定略微改动一下结尾部分。

结尾中,主人公——一个叫气乐堂的医师在自己房间里终于想明白了,他喊道:"好!就这样!"

我最后这样改写:他一个人走到阳台上,冲着浮现在夜景中的万家灯火呐喊。

这样改动了一下。

我觉得这是面向人们的衷情诉说,场面恢宏而有气势。

幸好,这篇稿子刚好赶上连载顺序,得以在报纸上校正了。

提交末次的原稿前,我在稿子末端给责编写了一句话:"你们辛苦啦!"

写这句话时,自己感觉既舒心又放心。

不知为什么,我又想呐喊:"喂,写完啦!"

是的,前天,我刚呐喊着把它写完了。

报纸连载顺利地完成了,但并非一切都结束了。

还要修改出单行本。

不用说,报纸连载很重要,做成单行本更重要。

这个标题的书会留传。

这次写的《再爱一次》,我想永远让大众阅读。

这部小说的主题是关于男性的性无能。

原先从未有人涉及过这个主题。

我特意把它作为小说的主题。

有的报社因此而终止连载,成为一个值得探讨的社会问题。

这件事仍未解决,这一点在此不涉及。

可以说,我写这本小说需要很大的勇气。

我曾经犹豫不决并陷于沉思:还是不写这样的主题为好吧?

最后才下定决心:"不,我要写!"

理由很简单。首先是我自己已经无能了。

并不是说别人,而是说自己,这样可以吧。

并且我周围似乎有很多无能者。他们对此讳莫如深。

难道就没有办法解决他们的烦恼吗?

进一步说,我也想拯救和这些男性有关的女性们。

我是出于这种动机才坚决开始执笔的。

现阶段还不清楚成功与否。

而能让大众阅读,对性有所思考,我就很高兴。

第三部　老而知之

要活得精彩!

去年二月二十二日在东京会馆举行芥川奖和直木奖颁奖仪式。

获奖者是历史上年龄最大的黑田夏子女士和战后年龄最小的朝井辽①君。也许是话题热门的缘故,有超过一千四百名的来宾参会,气氛热烈。

我作为直木奖评审委员在颁奖仪式上致辞。

我长期担任评审委员,最近却没有遇到特别好的作品,加上自己年事已高,就想辞去这项职务。

就在这时,无意间发现候选作品中有朝井辽君的《何人》,在无心地阅读过程中,它一下子就把我吸引住了。

"这部作品有意思!"

于是,我就马上决定推荐这部作品,我也佩服安部龙太郎②先生的

---

① 朝井辽,日本小说家,1989年生于岐阜县。《何人》是其直木奖获奖作品。
② 安部龙太郎,日本小说家,1955年生于福冈县。《等伯》是其直木奖获奖作品。

《等伯》的沉稳笔致,就认为这两部作品都可以获奖,果然如此。

因为有上述经过,由我代表直木奖评委致辞。

就这样等我登上讲坛时,打算只就两部颁奖作品发表感想。

但是在谈感想时,想起朝井君只有二十三岁。

这么年轻就获奖了,今后能写到什么时候呢?我突然感到很不安。

"既然获奖了,就要务必地坚持下去!"

我在这样说的同时,便想起以前获得直木奖后而消失的多名作家的名字。

"绝对不希望朝井君这样!"

就在这样想的时候,消失的作家的问题便一下子浮现出来了。

我自己记不清后来讲的什么。

但是我肯定是如实讲述了我最近一直在思考的问题。

首先是作家应该更加璀璨。

想写出好的小说,希望它成为人们议论的对象,很多书能够畅销。然后想赚点钱。假如是男作家,还希望受到女性喜欢。

同时,尽量想有房子。是的,既然是作家,就应该建一两栋房子。

希望能带着这些各种各样的欲望,光彩夺目!

不过作家这个职业很受人尊重。利欲熏心却不受别人批评。

不仅不会受批评,反而会得到积极的评价和承认。

像这样受人尊重的职业不是很多。

然而,现在的作家总觉得有点平静,慢说光彩夺目,很多人都有理性的知识分子的风格。

然而,虽为知识分子,却不写小说。就是写也只是用大脑写,只写那种没有什么真实感的小说。

明确地说,这样下去,作家所依傍的文艺本身就会衰亡。

读者脱离了文艺,作家自不待言,出版社和编辑都会丧失元气而消亡。

现在作家和编辑都应该表现欲望而璀璨生辉。

我随意地讲述了上述情况,会场内有人多次附和,说不定很多人都理解。

我在会场里没说有个杂志上登过的某个作家一天的平静的生活。

可能是个中年作家,据说他在自己家里工作,傍晚要歇口气,就和女儿一起闲适地洗浴。他说这是他内心感到最平静的一刻。

我一看到这样,当场就想骂他:"你这家伙真傻!"

以前的作家与这样凡俗的作家相比,是那么鲜明、那么耀眼。

说是以前,也就是三十几年前,我去银座的一家酒吧,看到松本清张[①]先生正在店内一个角落里数着万元纸币递给年轻的小姐。

可能是因为这种关系,清张先生只写在金钱上栽跟头的女人。

我在写京都某个高级饭庄的女主人时,水上勉[②]先生曾经这样跟

[①] 松本清张(1909—1992),日本著名小说家,生于福冈县。
[②] 水上勉(1919—2004),日本小说家,生于福井县。

我说过:

"喂,你把京都的上流女人写得那么优雅!我小时候去京都,总是遭受上流女人欺负,所以写不好优雅的女人,下流女人却写得很优雅。"

让他这么一说,确实如此。《越后筒石亲不知》和《青楼哀女》[①]等名作中的女人都是些贫穷女人。

池波正太郎[②]先生还问我:

"喂,阿淳(他一直这样称呼我),听说你大学毕业。"

我点点头,他说:"大学毕业还能写小说。上了大学,就是知识阶层的评论家,你要注意!"

总之,那时很多作家都把欲望表现出来,积蓄经验创作。

他还告诫说:用脑子写小说就完了。

所以也并不是说什么都好,但现在都应该活得精彩!

---

① 作品名,作者水上勉。
② 池波正太郎(1923—1990),日本历史小说家,生于福冈县。

各种时光

时光确实在流逝。

好像有人觉得快,有的人觉得慢。

说起来,时间进度肯定是固定而不变的,快慢只是感觉上的差异。

一般来说,快乐时就觉得时间过得快。

很高兴,从来没有这么愉快的时刻。这样想,时间一眨眼工夫就过去了。

相反觉得不喜欢时,或者不感兴趣、感到不快而厌腻时,就觉得时间过得慢,心里就着急。

同样一个小时,自己所处的环境不同,就有时觉得快,有时觉得慢。

其中高兴而愉快时,就不用特别提出来改变,可以沉湎于这种令人满意的状态。

然而郁闷而厌腻时,或者想早点摆脱这种状态时,那该怎么办呢?

这样的时候怎样才能过得快一些呢?

明确地说,没有好办法。

心想:时间不能过得再快一些吗?看看表,反倒觉得过得慢。

同样十分钟,根据自己情绪,有时觉得快,有时觉得慢。

总之,高兴而快乐时就过得快,不高兴而无聊时就过得慢。

那索性认为基本上没有快乐,总是很无聊。这种人就会感到很荒唐:时间过得太慢,才觉得人生漫长。

我再重复一遍,时间在所有方面都体现得不同。

哪怕一个小时,根据当时精神状态是欢呼雀跃,还是兴趣索然,就截然不同。

前面已经提到这个问题,想觉得时间长时,就首先要看看表。

比如还要等三十分钟。

这样想,就拿着表,一个劲儿地等着时间流逝。

觉得这样正确,但这样,时间就过得很慢,心里就会着急。

总之等着,好容易过了十分钟,还要等,觉得过了很长时间,但一看表,还有十五分钟。

于是就会生气:五分钟过得这么慢!

所以这种时候,一概不要看表,要看看杂志,或者想想别的。

而且要想一些有趣、快乐的事情。

比如约会时,要考虑把女朋友带到哪里去,在那里吃什么,然后再去哪里。想想各种开心事,一眨眼工夫时间就过去了。

但是在等待时,还是要看表。

而且越是着急就越看表:怎么还不来呢?

当然,任何时候表都很准,有时会觉得表是不是停了。

有时觉得时间过得快,有时觉得慢。

这样想,就突然发现有时觉得人生匆匆,有时却觉得慢。

这是怎么回事儿呢?

大概充满幸福的人才会觉得时间过得快,而屡遭不幸的人才会觉得时间过得慢。

总之,充满幸福的人每天都感到快乐和幸福。可能是因为这样才觉得时间过得快吧?

相反,每天都感到痛苦,基本上感觉不到幸福。如果是这种状态,或许就会觉得时间过得慢。

不,岂止如此,有的人或许会想干脆快点死掉算了。

镇静!镇静!这么说就太过分啦。

有人却认为不是这样,回顾人生,幸福的日子多,过得很快乐、很充实。

而有人却认为活到现在,基本上没有快乐的日子。或者说每天都感到痛苦而精神郁闷。

把这两者做一下比较。

前者多是快乐的日子,会重新认识到人生匆匆,犹如疾驰般地流逝。

相反,有人认为基本上没有快乐的时光,只有痛苦的回忆而没有慰藉,每天都觉得度日如年,而他们可能要回顾漫长的人生。

为什么会产生这种疑问呢?

那么,问问人生快乐的人和人生痛苦的人,答案却惊人得一致:"时间过得快,人生一眨眼工夫就过去了!"

至此,没想到答案竟完全相同。

可以说,这才是人们的真心话:无论幸福与否,都希望活下去!

用贴面舞康复

前几天,我隔了好久才和编辑们去赤坂的卡拉 OK 包厢唱歌。

说起来,这有各种情况。

我唱歌唱得不好。

明确地说,我是音痴。

历史很久了,忘记歌名了,小学时曾和大家一起唱歌。

在我旁边一个叫 S 的人说:你唱得太差了。

唱得好坏无所谓,我毫不在乎地唱歌,另一个男生又说道:

"你别再唱啦!"

让人家这么说,就确实不能再唱了。

于是,我便保持沉默,不再唱歌,从此以后就害怕和大家一起唱歌。

并且坚信"我不会歌唱",基本上就不在别人面前唱歌了。

从那以后,就产生了这种恶性循环——"我不会唱""所以不唱"。

这样就更唱不好了。

这是自己经历过的事情,明白得很,但是小时候,不能剥夺孩子的自信。

如果他认为自己不行,就会更加让他丧失自信,会真的不行。

学业不言而喻,唱歌、运动也是如此,幼时丧失自信,就做不好。

相反,别人说你很棒,你就可以趁势发展,会越来越好。

唱歌、运动和学习都与此相近。

孩子小时候一定要多表扬他。

表扬,再表扬,让他借势逞能,让他喜欢。

这才是发挥孩子才能的要诀。

我唱歌五音不全,但并不讨厌唱歌。

所以,我经常一个人无意地哼唱。

其间去大学一看,正在举办舞蹈讲习会。

当然,这是只面向志愿者的由前辈教授执教的舞蹈讲习会。我经常去参加。

当时盛行舞会,就将这种舞会券卖给女子大学和裁缝学校的学生,赚取俱乐部活动费用。

碰巧,我属于文艺部,需要取得该杂志的出版费用。

为此,首先学的舞蹈,觉得很快乐。

用不着自己放声高唱。

可以和女性结成舞伴,合着拍子跳舞。

就这样，一般狐步舞不用说，从华尔兹舞到探戈舞，从伦巴舞到吉特巴舞都能跳。

当时朋友也在学习舞蹈，但我觉得自己跳得最棒，纾解了不会唱歌的闷气。

就这样，舞会开始，首先要找舞伴。

然而要经过楼层中央，向站在对面的女性们发出邀请，说："一起跳舞好吗？"

当然是要预先选好，有一次邀请一个女性跳舞，却被人家拒绝了。

"累了……"

她们都是这样拒绝，我毫不在乎地又邀请旁边的女性："一起跳舞好吗？"

这个女性也说"累了"。从她那里败退回来心里也窝火，就继续向下一个女性发出邀请，问到第五个女性时，突然被那个女性捆了一下脸颊。

我惊讶地愣在那里，女性们却都咻咻地笑起来。

从来没经历过这样尴尬的事情。

对了，这次在赤坂的卡拉OK包厢里，编辑们是一个接一个地唱歌。

碰巧有三十名，大家都唱得非常棒。

就这样，他们唱得很棒，很有格调，以致令人难以置信：他们是做编辑工作的吗？

于是，我提了个要求："你们尽量唱有格调的舒缓的歌曲吧！"

最近我患脊柱管狭窄症，腰疼，且因糖尿病腿有轻微麻痹，我现在可以拄着拐杖走路。

于是，我决定用他们的歌声进行康复训练。

首先请他们唱有格调的舒缓的歌曲，我决定同老板娘和来这里的女编辑们合着歌曲跳贴面舞。

这样就和舞伴贴得很紧，达到耳鬓厮磨的程度，这样就不用拐杖。

再说上身和腰部与对方贴在一起，而且互相拥抱着，也不会摔倒。

只要合着歌曲慢慢地前后左右晃悠就行。

这才是最好的康复训练。

结果连续跳了近两个小时，可能因为这个缘故，现在腿疼和痉挛都没有了。

腿脚衰弱的人和不擅长走路的人，请你们务必跳跳贴面舞！

能和女性亲密，并且腿脚也会结实，确实是一举两得。

寻求新的需求

最近,我重新认识到一般社会缺乏对老年人和残疾人的关怀。
这些情况也是我上了年纪后才了解到的。

下面是一个与我同时代的七十几岁的男性对我讲过的情况:
他要去某个餐馆,一楼是停车场,好像餐馆在二楼。
然而上二楼只有阶梯,没有电梯。
他腿脚不好,就是拄拐杖上楼也很困难,于是就死了心。
"完全是那种只接受意气风发的年轻人的感觉,好像老年人从开始就被排除在外了……"
他这样说完,就很不满地缄默了。
这种无视老年人或者排除老年人的设施其他地方也多得很。
这在东京的正中心也似乎是很自然的。
这是另一个高龄女性说过的情况:"餐馆里如果有老年餐,那就好了。"

她说食谱都是面向年轻人的,对老年人来说,吃那些东西消化不良,很难吃。

其中只有一家餐馆提供老年餐,进去一看,食料柔软,少量,好像是病号餐。

她便叹息道:"这样就无求于人了。"

总之,可以说许多地方都无视老年人,或者完全不照顾老年人,这就是现状。

现在六十五岁以上老年人约有三千二百万人,达到全体国民的四分之一。

然而,这些人实际上被忽视了。这是现状。

"没有那回事儿。"

好像是说我们父母那一代就是那个时代,怎么能忽视呢。但现实却是残酷的。

这一点,时装业界就能让我们明白。

刚才说过餐馆里不重视老年人,然而在时装业界就更加明显了。

找不到特意为六十五岁以上的男女人士所制作的时装,可以说是完全没有。

可是这一代人也确实在寻求适合自己穿的衣服和漂亮时装。

实际上,我们周围的高龄男女人士都在叹息:"没有漂亮的好穿的衣服。"

比如说,男性穿西装系领带,就有点过于死板,感觉很拘谨。

不用再去公司参加各种聚会,就想穿更舒服一些更好看的衣服。

可是找了一下,没找到。

"为什么呢……"

大叔们退休年龄已到,从公司退休后,基本上闭居家中,不大去外面,所以不需要好看的衣服。

好像时装业界就是这样随意认定的。

其实不是。退休的大叔们也想穿着好看的衣服在外面散步。

他们当然很想看电影和戏剧,有时也很想跟女孩儿搭搭讪。

他们这种欲求在退休后会更为强烈。

但是没有合适的老年人用的衣服和鞋子,更没有提包之类等。

没有地方制作让他们享受第二人生的时装,可以说是一概没有。

大叔们到了退休年龄不做任何事。

这么说,或许就会被认为是手头拮据,但是有很多人却很富裕,称得上小款。

其实从一流企业退休的大叔们能领到很多退职金和养老金,生活悠闲自在。

对这些男性无所关注,时装业界也过于悠闲了吧。

提到时髦,大家一定会联想到年轻的女性,只考虑如何吸引她们,让她们购买。

总之,时装业界对年轻人的喜好过于强烈。

然而,现在是有一笔小款的大叔们很多。

对于他们不应该置之不理。

高龄男性穿什么样的衣服才显得气派、潇洒呢?

不,不仅如此。他们穿什么样的时装,才会吸引女性而受到欢迎呢?

还有建个什么样的餐馆,才能吸引大叔们来,他们喜欢吃什么样的东西呢?

应该进行各种细致的调查,唤起新的需要。

明确地说,只考虑年轻女性的时装已经落后于时代了。

从今以后退休后的有小款的大叔、大婶们。

我认为你们应该集中到这一方面提高消费。

尽管炎热却觉得过于寒冷

最近持续炎热。

据说东京都中心今天（二〇一三年七月十日）达三十五点三度，成为连续四天的炎热天。

特别是山梨①、甲州市②高达三十九点二度，好像是这一地区过去最高气温。

仅凭了解到这一点，也就知道很热，相反在都内有的地方却很冷。

或许有人会觉得不可思议：有那种地方吗？首先要说的是都内的旅馆。

这里不是热，而是真正的冷。

这几天酷暑，大家十分疲乏。

那么，无论外面再怎么热，这里面却很凉快、很舒服。完全感觉不

---

① 地名，位于山梨县东南部。
② 地名，位于山梨县中北部。

到炎热。

但是进旅馆的一瞬间,就觉得很凉爽,不由得想抽缩身子。

我想说真不愧是一流旅馆,但是这么冷,也许会感冒的。

真的,我急忙把脱掉的上衣穿在身上,尽管如此,还是觉得冷。

于是,我就对旅馆的男服务员说:"有点太冷,请把空调调低点!"

他只是答应着点了点头,空调却丝毫没有减弱的样子。

我知道待在这样的地方,就会患感冒,所以就赶紧溜掉了。

现在除了注意炎热以外,最应该注意的是极端的冷气。

这不只是在旅馆、餐馆,在百货商场和出租车里边是如此。

不,连医院里面都有很多地方冷气过度。

这是很无奈的,但更大的问题是大家都认为这样对客人好。

人家说"为了大家……",但你患了感冒就无处发牢骚。

今年觉得旅馆和餐馆的冷气特别强,或许是因为我上了年纪的缘故。

总之,最近无意中信步走进咖啡馆,就往往觉得"很冷"。

这个理由连我自己也明白。

说是最近,其实从几年前基础体温就下降了一两度。

基础体温下降了,就应该比别人(年轻的人们)觉得冷。

实际上,年轻人在我感到很冷的地方仍然穿短袖汗衫。

于是,我就问他:"冷吗?"对方点点头说:"有点冷啊。"但他依然是那样冷静地说话或活动。

他们好像也确实感到冷,但好像不用再穿衣服。

总之,年轻人环境适应能力强。

然而,上了年纪的大叔就不行。不,不只是大叔,大婶也不行,老年人都不能迅速地适应炎热和寒冷。

这正是老化现象。也就是说"你也老啦!"。

那该怎么办呢?

明确地说,事到如今,不能再像年轻时那样适应能力很强地改变身体。

那么,首先不要去旅馆、餐馆和百货商场这样的公共场所。

而是要待在自己最好待的气温和环境都适宜的地方。

希望年轻人也不要忘记,因为上述理由,老年人才不会轻易离开自己所在的场所。

然而,不愿意老闷在家里。上了年纪,也想去各种地方转转——也有不少老年人会有这种想法。

这样的人们该怎么办呢?

当然应该出去。

但是,说不定很难得到老年人所希望的令人满意的环境。

现在重要的是先要发发牢骚。

就坦率地说:"你把空调稍微往下调调!"

主管人员说可以,如果仍感觉不舒服,那就要再跟他说。

需要脸皮厚点儿,或者再勇敢一些。

特别是现在,已经进入老年人时代。也有很多人有很多钱,在外面吃饭或者约会。

如果这些人明确地表明态度,讲出自己需要什么,那么旅馆和餐馆的气氛也就一定会明显地改善。

这次从炎热说到空调,这种对社会设施不相容的感觉会因年龄、职业和感性不同而各异。

要互相坦率地宣泄情感,要建造大家都能接受而令人满意的旅馆和餐馆、百货商场及公共场所。

我认为这也是使景气进一步好转而激活经济的出发点。

上了年纪还能住吗?

上了年纪才会意识到的失败。

再说说这件事。

年轻时当然意识不到自己将来会身体虚弱,不能再做不适当的运动。

与其这样说,不如说"自己不懂"。

总之,年轻时的气力和体力会随着年龄增长而缓慢地稳步地减弱。

看看运动员,这一点就很明显。

二十几岁时,能够那样敏捷、那么灵巧地活动,但到了三十几岁,就没法再像以前那样灵敏地活动了。

这一点大家都明白,原则上说只是大脑明白,作为现实,要到相应的年龄以后,才能明确地把握和理解。

实际上有很多事物只有到了那时才能理解。

无论想象力多么丰富，再怎么看破红尘，说起来，只有实际去现场才能了解真相。

这也是生于前而富有真实感的前辈领先晚辈一步而显得自负的最大理由。

序言又长了，这次要考虑一下怎样建房。

据说他今年四十三岁。

他是我朋友的儿子，原先好像在某个金融关系的公司工作，几年前退职后，开始一个人打理公司。

他建了一所新房，让我务必去看看。

说实话，我不大感兴趣，但是他再三邀请，于是就决定去看看。这是住宅区，沿着比较平缓的坡路登上去，看到那里有一所一百多坪的独栋住宅。

"这里安静，景致也好啊。"

他这样说。到阳台上一看，眼前的多摩川对面是灯火弥望的大东京。

而且住宅前面有个很宽敞的院子。

确实，人家只是热情地邀请我来看看，要是问我：你要住在这儿吗？我就会大伤脑筋：该怎么回答呢？

不，明确地说，我觉得是不会住在这里的。

其中一个理由是车站好像离家有点远。

再说那条路是个比较平缓的上坡路。

要不断地在那条路上往返,好像够受的。

他似乎会说:那就弄辆私人汽车或者乘出租车。但是那样回家也麻烦。

总之,最看不中的是回家路上有个上坡路。

另外一个就是院子很大。

好像到了秋天,那里就会积满枯叶。谁来打扫它呢?

要是自己打扫,那我也许很快就会匆匆地溜掉。

为了看夜景,进家以后沿着阶梯上去过两次。

夜景确实像主人所炫耀的那样很美,但是去那里,必须要上两个阶梯。

明确地说,我现在的体力好像不能享受这栋房子所带来的妙处。

于是,就重新揣摩这家主人和我的年龄差异,这栋房子好像确实不适合老年人居住。

上了年纪以后,使我重新认识到还是公寓比较容易住。

不管怎么说,公寓基本上都在交通便捷之处。

并且房间里没有阶梯。

对老年人来说最麻烦的是阶梯。要是一级一级地抓着栏杆上楼梯,那就很不方便。

总之,我是说不适合老年人住。

与此相比,公寓几乎没有阶梯。就是有,最多是厨房和起居间的两三级。

这样七十几岁不用说,就是到了八十几岁,不,到了九十几岁也能住。

然而,年轻时却意识不到这样简单的问题。

说实话,我家里也有很多阶梯。

首先从房子前面到门口,然后进里面后到二楼。

而且糟糕的是自己的书斋在二楼,一天必须要上下好几次。

可是我现在办公的地方是涩谷的公寓。

这里从门口到房间所在楼层要乘坐电梯。而进了房间,就完全不需要上下楼。

就这样,我最近在涩谷[①]工作比较多。

尽管如此,并不是因为这样才要在世田谷[②]建独栋住宅。

我想:一开始就应该将住宅和办公室都建在公寓里。

有很多事情,人上了年纪才能明白。

---

① 地名,位于东京都涩谷区。
② 地名,位于东京都世田谷区。

要从讲演会上学习

我前几天去京都,在河原町御池的一个叫"京都旅馆大仓"的地方做讲演。

听说与会的有三百人,实际有近五百人,现场拥挤不堪。

天气非常炎热,还有这么多人来听讲,我非常高兴,也非常感谢。

我在这里所讲演的题目叫《男女的奥秘》,是旅馆方面提出来的。

这里所说的"奥秘"是指不容易揣测的微妙的事情。

换句话说,是一些难言之隐。我认为在大庭广众之下讲述这个问题是极其困难的事。

我决定变换一下演讲方式,先具体地谈谈对男女关系的种种感受。

我环视了一下全场,可能因为是下午的缘故,现场有很多年纪相当大的人,有六十几岁到七十几岁,也有夫妻一起来的。

我讲上了年纪后应该如何保持健康而不生病。

我先给大家提建议：要尽量和各色人等打交道，快活地闲聊。

一定要"闲聊"。

再谈前面曾提到过的四姐妹的故事。

前几天，我在电视台见过这四姐妹。她们八十几岁到九十几岁，一见面就闲聊，互相欣赏。因此，基本上不生病，总是很健康。

我说："上了年纪要经常和人见见面、闲聊闲聊！"有很多人抱有疑问："啊，那样行吗？"

尤其是男性，更迷惑不解，与女性相比，他们大多数人不擅长聊天。

男性们看到女性闲聊，往往就会皱起眉头："怎么尽说那些无聊的话！"准确地说，是男性不会闲聊，或不擅长闲聊。

他们从公司退休或离职后，不再和人见面，身体很快衰弱。

因为孤独使男人衰弱，从而引发各种疾病。

我奉劝大家说："请记住，男性一定要闲聊！"不知道他们能理解到什么程度。

这次讲演持续一个小时，安排三十分钟时间提问，然而，举手提问题的全是女性。

男性来了很多，他们基本上没有提问。

或许是当着众人面提问，觉得害羞。

是的，男性本来就腼腆、爱害羞。

外表虽高大而健壮，内心却纯朴而虚弱。

我想,上了年纪的女性应该对此心知肚明。

总之,男性做任何事情,总先考虑体面,维护自己的形象。

比如说,他们担心:在这么多人面前,提这种问题是否合适呢?会不会让人家小看或者笑话呢?

他们这样思考,往往就会畏缩不前。

女性则不顾及这些方面,有问题想问,就马上举手问。

三十岁左右的女性提问特别有趣。

"我现在交了一个男朋友,他有点以自我为中心,是个靠不住的人。我应该跟这样的人交往吗?"

男人绝对不会提这样的问题。若提问,等于坦白自己现在被某个女性纠缠着。

然而,女性不畏惧、不羞怯,无所顾忌地提问。

她可能想找个机会和这个男性分手。于是我说:

"我不了解那个男性,你最好和他分手。我想,你可以交往更帅的男性朋友。"

女性开朗地点点头,说"好"。

在讲演会的提问环节里,男人和女人的差异也会完整地体现出来。

在讲演会上,只有一个男人向我提问。据说这人是做占卜者,最近他自己性无能了。

我答复他:"身体问题你不要介意,请继续做好现在的工作!说不定身体会悄然康复。"我这么一说,他便开朗地点了点头。

讲演会后面的提问答者,女性占九成。

女性们无论什么问题,都会毫不犹豫地积极举手提问。

这种明朗而积极的态度不仅体现在精神层面,也使女性的肉体变得更加坚韧。男女差异表现在寿命上,是女性多活六年。

各位高龄男性,就是为了健康,你也要彻底地改变和开放!

男女之间的差异

最近,我在仔细考量男女之间相爱意识的差异。

特别是性爱,男女之间所追求的东西似乎完全不同。

什么是性爱,《广辞苑》[①]等字典上说,是"男女之间的本能的爱欲"。

这样说其实很难懂,应该说"是互相被对方吸引的关键",这样好懂些。

对这个问题的认识,男女之间似乎差异很大。

如要问男人:"你喜欢什么样的女性?"可能大多数男性回答:"年轻的女性。"

还有很多男性会说:二十几岁甚至十几岁都行,越年轻越好。

"非常喜欢年轻女性"是男性的共识。

[①]《广辞苑》,日本岩波书店发行的中型日语辞典,现已出到第六版。

二十几岁、三十几岁的男性不用说,四十几岁、五十几岁的中年男性,甚至六十几岁到七十几岁的高龄男性,基本上都是"喜欢年轻的女性"。

AKB48①为什么那么受欢迎,也是可以理解的。

最近,有一些杂志在办性爱专辑。

专辑上有这样的报道:男人无论到多大岁数,都能和年轻女性发生两性关系。

的确,男性似乎是喜欢,或者说非常喜欢年轻的女性。

我在这里说"似乎",是因为我自己不怎么喜欢年轻的女性。

就是年轻的女性突然出现在我面前,脱光衣服让我欣赏,我不仅不会高兴,反而会感到扫兴。

我认为:人不是低级动物,需要进行对话和交流,才能产生感情。没有感情,不能涉及性。

哎呀,我的情况怎么都好说。

绝大多数男性都喜欢年轻的女人,这一点似乎是没有疑问的。

而女性喜欢什么样的男人呢?

现在手头没有准确数据,据某杂志的调查结果看,选择最多的是"沉着而可以依靠的男性"。

还有人选择"有男子汉气概的人"或"责任感很强的人"或"和善

---

① AKB48,日本女性偶像团体。

的人"等。

很少有人说喜欢"年轻的男性"。

无论人多么年轻、多么帅气,似乎是"光有这些还不够"。

这些促使人们重新认识男人和女人对异性的喜好差异。

男性追求女性的年轻,胜于喜欢女性的内涵。

而女性对男性的内涵非常看重,胜于对年龄的要求:信赖对方达到什么程度,才能把自己托付给他呢?

看到这里,男女区别就非常分明了。

也就是说,男性重视女性的年龄和肉体,而女性则重视男性的内涵或精神。

可以这样单纯地划分:男性是肉体派,女性是精神派。男人和女人对异性的追求截然不同,这一点应当是言之凿凿的。

前面说过,男人和女人对异性的追求截然不同,幸运的是,有时这种距离感会缩小,有时两者会近似。

不同年龄的人也多少会有一些差异,可能是因为我已七十多岁了吧,有时会与女性追求的东西相近似。

作为男性,身体变化特别显著,随着年事已高,体力下降,性能力也会衰弱。最典型的是勃起力,它会急速地衰退。

原先对接近女人充满向往,是因为他想和年轻的女性发生性关系。

然而,进行性行为的能力衰弱了,接近年轻的女性已没有意义了。

肉体上不发生关系,性欲也就得不到满足,和年轻女性接近的好处也就没有了。

伴随着这种状况,男人对女性的追求会由性的结合转变为精神上的互动。

比如说,他享受和女性在一起的那种安心感。

还有女性表现出的温柔举止和同情心等。这样的东西沁人心脾。

仔细思考,最大的原因是男性本身身体衰弱,体力上没有自信了。再加上患有某种疾病,这种倾向就更为严重。

总之,男性随着体力虚弱,会对女性的精神依赖有所觉悟。

所以,经常会看到那些退休很久的高龄夫妇要好地手牵着手。

高龄男性会对众人说"还是老婆最好"。

当然,这不是坏事,看着惹人注目和发笑,但是我想说:既然这样,那就应当更早地认识到这一点。

男人和女人的追求不同,但最后会趋于相似,假如说,这样就能得到宽谅,那或许可以得到宽谅。

可变的东西和不变的东西

我最近在琢磨：时间过得真快！

我这样说，似乎有人会问：你要说什么？

其实，我以前就知道时间确实过得快。

而上了年纪后的感觉和年轻时的感觉有所不同。

明确地说，年轻时觉得快，只是觉得岁月流逝快，并为此困惑。

年高后觉得快，不只是时间过得快，还包括以前关系亲密和熟识的人消失得快。

所谓消失，说得具体点儿，就是死亡。

比如说，以前和 A 君、B 君在一起工作。

退休后某一天，突然想和 A 君见见面，却得知他已经去世了。再询问："B 君现在怎么样？"回答是："B 君早已经去世了。"

想见变成了怀念，心愿已无法满足。

人在年轻时，则没有这样的事情。想起老朋友来，想见面就能见到。

隔了多年再相见,都上了年纪,会互相理解着苦笑:"哎呀,都老啦!"

他们最后会相约时间再见面。

年事已高者,往往会想:"说不定这是最后一次见面了!"

同样是见面,分量和深度并不相同。

话已至此,再重复一遍,时间过得真快。

似乎八月过得特别快,也许是因为有八月十五日这个战败纪念日的缘故。

有很大一部分人把这一天称为"终战纪念日",这显然是错误的。

这天是战败纪念日,而不是终战纪念日。

多年之前,冲绳被美军占领,东京连日遭受空袭差点被大火燃尽,广岛、长崎相继被投下原子弹,日本全国即将陷入毁灭。

最后是无条件投降。

日本国怎么都没有取胜的希望。这也是天皇陛下自己承认战败的日子,并说:"无论别人干了什么,一概不许发牢骚。"

若把这天称为终战纪念日,是明显的偷梁换柱。

无论谁看,都是战败纪念日。

然而,记住这一天的日本人现在已为数不多。

不知是福是祸,我记得很清楚。

昭和二十年八月十五日,我还是小学六年级学生。

当天正午,天皇陛下要亲自发表无线电广播讲话,我和妈妈一起坐在铺着榻榻米的房间里收听。

只听到开头的"朕深为……"这半句。接下来就是啸叫和杂音,继而是完全听不懂的话语。

原以为是无线电故障,有人则说是故意让人听不清。

广播结束后,也没有弄懂说的什么,但心里却很明白:日本战败了,向美国投降了。

现在来看,当时的诏书十分清楚。这一天,日本向美国无条件投降。这是千真万确的事实。

将其解释为终战而加以隐瞒,是绝对不能允许的。

话虽如此,还记得那个战败日的日本人也减少了很多。

我当时是小学六年级学生,现在却已经八十岁了,这种情况也是很自然的。

不能找个借口,就可以把战败说成是终战!

回想起来,那个战败日正值暑假期间,天气明亮而平静。

因为是盛夏的八月十五日,觉得和往日无别。怎么也想象不出,此前有很多日本人和美军作战而阵亡了。

我听完广播后,没跟妈妈说话。

我曾想问妈妈,其实妈妈也不懂,就是懂也没有什么意思。

于是,我一个人走向街面,大街上几乎没有行人。

这是寂静的午后时刻,完全没有战争的影子。

我觉得时光与人类社会毫无关系,一天又将过去。

可是,不知为什么,我捡起路旁的一块石块来用力投掷。

石块落在前面的玉米地里,仅此而已。

午后的阳光很明亮,静静地照射着大地。

从那以后的六十九年,天空、太阳和风没有任何变化。

每年都经历春夏秋冬。

在不变的四季中,似乎只有人在变化,语言由"战败"变成了"终战"。

窥视自己衰老

说实话,前几天,我从自家的阶梯上踩空摔了下去。

这阶梯在正门入口下方,先上六级后,有个很小的歇脚平台,从那里再上十级,就到正门。

一共十六级。建房时,没觉得高,后来入住,也没觉得辛苦。

再后来,左腿有点轻微地麻木,上楼只要谨慎一些,也没有什么。

然而,那天不知为什么,上到最后十级时,没有关注脚下台阶。

左脚一踏空,身体重心偏移,就叽里咕噜地摔了下来。

自己感觉蛮厉害的,蹲在地上,站不起来。

我喊来家里人将我扶起,但不敢挪步,于是决定叫急救车。

我感觉这个夏日的黄昏是漫长的,只能蹲坐着守候。过了一会儿,急救队员到了。

我要求他们不要鸣汽笛,希望他们静静地来、静静地去,他们欲将我送往合适的医院。

我本来是矫形外科医生。

我左脑门儿、右手腕和脖子上都有伤,歪头也很费事,但感觉无大碍,过几天就会好的,要求他们把我抬到自己的房间。

从正门到二楼我的房间,有相对狭窄且弯曲的阶梯,必须依靠急救队员帮助。

我再次要求,设法把我抬到二楼自己房间。

到房间后,我向急救队员道谢,把他们打发走后,我仍然觉得很难受。

在写这件事情的一个月前,我曾经说过:"尽量不要造有阶梯的房子!"

当时只是说进出懒得爬阶梯,尤其是上了年纪更吃不消,所以要造设少有或没有阶梯的房子。

对此,很多老年人都发表意见,说感同身受,自己造房也做了阶梯,现正为阶梯而懊恼。

我觉得各位读者也会这么认为。没想到自己竟会从阶梯上滚落下来。

自己为自己而惊讶,也一直斥责自己,现在必须好好养伤,争取早日康复。

我一边这样想,一边却思忖:"不过……"

正门共有十六级阶梯,以前就明白:不小心会发生危险。

没有遵从是因为看得太过简单:这种情况,总会有办法的。

这次滚落的原因似乎都集中在这一点儿上。

话是这么说,也是负了伤才重新意识到的。

这一点,可以对接近我的老年人说,凭原先的感觉认为没问题,实际会渐渐地有问题。

首先应该好好地认识这一点。

原先五十厘米宽的间距,我可以很轻松地跨过去,不知从何时变得很艰难了。

其实并不是不能跨越过去,而是要倾注全力才能一下子跨过去,有时也会摔倒或跌落。

上了年纪才会体验到自己能力的退化。

年轻时不同。原先觉得做不到的事情,只要鼓起劲儿去做,就能很简单地做到。

在有的情况下,自己的能力得到提高,会做得很好。

而随着年龄增长,这种情况会颠倒过来。自己觉得能做的事情,关键时刻却不能做了。

说实话,发现这些问题毫无意思,也不快乐。会感到遗憾,而变得寂寞:"这样的事也不能做了吗?"

但是,人总会有这一天。可以说是"后退期",也可以说是"衰退期"。

这一点不只限于体力,还有记忆力等,在所有方面都会表现出来。

当然,话虽如此,却不愿意马上出现这种状况。

自己会为自己感到焦躁:"为什么不能这样做了呢?"

但是应该认为这样很好。

"为什么?"

理由很简单。人有时像原先那样身体结实、强壮而上升,也有时会衰退,而现在正是衰退期。

会怎样衰退呢?

这一点应该好好地注视。

只有看到上升和衰退两个方面,才算体验到了人生的一切。

长寿的内涵

男性七十九点九四岁,女性八十六点四一岁。

这是现在日本人的平均寿命。

看到这里,大家会有何感想呢?

重新说一下,男性平均寿命大致八十岁,女性平均寿命八十六岁。

很多人觉得"男人和女人都意想不到地长寿"。

实际上我已经八十岁,看见这些数据,我就想:"大家都还很健康啊!"

但是去高中所在的札幌的同窗会一看,也只有两三成男性精神饱满地参加同窗会,女性稍微多点。

大家上了年纪,就会怀念老朋友,想见见面。

然而,出席率这么低,意味着什么呢?

重新意识到人们生病,或者是身体欠佳,而不能参加。

这个数字随着年龄增长会增加。

所谓平均寿命没有表现这方面的微妙差异。

说得极端一点,在床上卧病不起,勉勉强强地喘着一口气,也算活着。

当然,这样就不能算作死人。

这一点姑且不论,现在国人的平均寿命有所延长,但还很难说晚年很充实。

或者说,快要死了却还没完没了地活着。似乎可以说这样的人群正在增加。

幸好,我们高中是男女同校,高中时男女数量基本持平。

但是去同窗会,出席者总是男性比较多。但是随着年龄增加,女性也多起来。

其实上次同窗会,男女基本上同数,或者说女性好像稍微多一点。

我出席在东京开的同窗会,大家都穿戴整齐,怎么也不像快到八十岁的人。

特别是女性显年轻,有的令人吃惊。

与之相比,男性的年龄直观地表现在外表上,似乎是不可避免的。

男性不能像女性那样装扮或化妆,活的时间那样长,而会相应地感到疲倦,感到无可奈何,大胆地掩饰年龄也是很难的。

于是我又想到男女平均寿命的差异。

开头我也曾说过,现在男性平均寿命八十岁,而女性平均寿命则八十六岁。

男性看到这些数据,可能会这样想:"啊,我达到平均寿命啦。人生或许就要结束了……"

然而,女性会积极地思考:"我上了年纪了,但没达到平均寿命。那就再让花开一次吧!"

姑且不说想法怎样,女性达到八十岁,也还有六七年的富余。

这一点,从积极意义上说,能使人沉着,也可以使剩余的青春显得更加美丽。

不管怎样,男女到了八十岁,女性显得比较年轻似乎是不可辩驳的事实。

不过,现在平均寿命的提法有点问题。

有一些人现在还不能算死人,要算活人。

在这当中,譬如六十五岁以上者的比例,男性达到约百分之二十二,女性约达到百分之二十八。这些人过着怎样的生活呢?

在这些人当中,有的活跃在社会第一线,有的还在忙碌地工作,有的为了家庭正在进行各种活动。

然而,有的人则不能像所说的人们那样正常地活动,与其说是休养,莫如说是有各种疾病,正在接受医疗护理,其中还有的人正在住院。

或许有的人还卧床不起,正在打点滴,甚至患最近正在蔓延的胃瘘,只是活着而已。

把这种人都算活人就有点牵强,或者不现实。要是有人坚持这样说,那也没办法。

总之,死者一概都算死者,而将不同生活质量的人统统都算生者,在内涵上有很大差异。

这种差异随着医学的进步,生者会呈现多样化的增加,却不能正确地反映出生者的真实状况。

如果这样思考,那么现在将生者和死者一分为二的做法就有点过于简单,这样考虑平均寿命会引起很大误解。

只要活着就是生者——这种想法现在要从根本上加以改变,可以引进一个词予以表述:弱生者。

在聚会的良宵

今夜是中秋明月夜。

对我来说,这个夜晚是最令人喜悦而难忘的一夜。

说实话,今夜集英社特意为我举行宴会。

为什么呢?我的第一本书《暴风》就是于一九七四年十月在集英社出版的。

从那以后,连续出版《白色猎人》《温柔与悲哀》等小说,迄今为止已经出版了七十一册,总计发行一千五百零五万七千部。据说这是纪念超过一千五百万部的庆功会。

说实话,我并不完全了解这些情况。

我只是出新书,接收再版通知,没想到累计发行了一千五百万部。

我一方面感到惊讶,一方面感到很高兴。

作家既然出书,就希望让大众阅读。

对于书的内容有人会赞成,有人会反对,我想让大众阅读,倾听他们的意见,看看读者是赞成还是反对。并尽可能地让更多的人阅读。

这才是作家的心愿。

没想到出了一本又一本,出到了七十一册,发行数量一千五百万部。

而且出版社全部有记录,说要给我搞个庆祝会。

这个庆贺会在丸之内的东京会馆举行,是由集英社从事编辑、宣传和销售的人员参加的令人愉快的庆贺会。不,还有来自其他出版社的有关人员和我的朋友以及当模特儿的人参加,庆功会令人舒畅而热闹。

我在这里领取了图书形状的、特制水晶上雕刻着祝贺留言和作品名的纪念楯。

重新回想一下,我出第一本书《暴风》时,出版界还不大,思想也很落后。

集英社要给我出《暴风》,有的编辑直接对我说:"你为什么要在那样靠不住的出版社出呢?"

他们的意思是"要是出文艺书,就要在新潮社或者中央公论出"。

"这样也没关系嘛。集英社说如期给出。"

当时,我和集英社的若菜专务董事关系密切,我相信他一定会给我不断地出书。

要是说押宝押对了,那是夸张,但好像事实证明也没错儿。

我要向这位若菜董事表达感激之情,但是很遗憾,他已经不在了。

从那以后,我从新潮社、讲谈社、文艺春秋、角川书店、幻冬舍等各社都出过书,从集英社出的书非常多。

这也是因为有各种杂志可以连载,容易写,而且和各社编辑的关系也很深。

以前打过交道的编辑基本上都参加了这个庆功会,我很高兴,也很怀念。

不仅如此。营销书籍的书店老板、三省堂的龟井社长和名古屋的星野书店社长等也都来了,会场气氛更加热烈。

可是我写小说的时间也够长的了。

我以前在签名会上偶尔会遇到年轻的男女,他们对我说"我父亲是先生的粉丝",或者说"我母亲是先生的粉丝"。

最近却有年轻的女人对我说"我祖母是先生的粉丝",我感到惊讶。

从年龄来看,这也是很有可能的。

我想,既然如此,就要写出能够超越一代的令人满意和理解的小说。这能说我是贪婪吗?

不管怎样,这个庆功会带给我很大的喜悦,同时又是个促使我思考今后的好机会:今后应该写什么样的作品呢?

自己已经八十岁,但不想就此封笔。

今后还要写出不辜负读者期望的作品,思虑良多。

我现在正思考六十几岁或七十几岁的人应该怎样谈恋爱。

虽说已达高龄,但大家并非都要默默地度过余生。

总之，到了退休年龄，抚养孩子的义务已经结束，安于现状就有点太可惜了。

特别是退休的人们，他们已没有工作，从家庭方面讲抚养孩子也已经结束了，现在或许是最自由而最容易生活的一代人。

这个年代的人们应该尽量地热恋。

有很多男性伴侣年纪大，女性很年轻，搭配得很好。最近女性六十几岁或七十几岁也都富有才智，充分拥有女人的魅力。这样的两个人谈恋爱会是一种什么情形呢？

这次得到大家的鼓励，我想借此机会重新进行反思，不知是否顺利。不知道以后怎么样，好像还有很多东西要写。

伤口也在拼命

人只要活着,身体就会有各种情况,这样就又能学到很多东西。

我以前也说过,八月末从自己家的阶梯上踩空,滚落到十级台阶下。

这时急救队员来到,请他们把我抬到我房间里,没去医院。

为什么呢?我想说我是矫形外科专科医生,可那是四十多年前的事。虽觉得没有必要去医院,可也总觉得有点不好,但确实不是骨折等重伤。

急救队员担心地走了,今后要由我自己负责治疗自己的伤。

于是,我重新查看了一下全身,右臂和左手有擦伤,并且左脑门儿上也有同样的擦伤,出了一点血。

这样也能理解急救队员为什么说要带自己"去医院",但不管怎样,没什么大不了的。虽然有伤,毕竟不是伤到骨头的伤。

自己活动一下手脚,就能明白这一点。

于是就决定自己治疗。

从那以后,像原先那样再去外面就很困难了。

但是我去札幌参加过讲演。这是我最敬爱的北海道矫形外科纪念医院的松野先生邀请的,无论怎样都要去。

于是,我决定乘轮椅去。没想到很方便,很舒服。

我在讲坛上坐着讲演,没受任何影响地完成了讲演后的答辩。

然后,我回到东京,处理了一下紧急稿件。前几天,无意中照了照镜子,看到左脑门伤口上面的黑疮痂开始脱落了。

"要好啦!"

我高兴起来,想看看《医学大辞典》。

"创伤治愈"项目有如下记述:

创伤治愈的转机,首先是受伤后不久,创口周围发生炎症反应,发生毛细血管和淋巴管渗透性增强,白细胞和巨噬细胞移动,吞噬除去细菌和坏死物质,与此同时纤维蛋白开始沉着填充伤口。三四天后毛细血管新生、纤维芽细胞扩散,替换为胶原蛋白,创口张力增加。并且一两周后,新生血管和渗出细胞开始减少,胶原蛋白量增加,再次发生创口收缩,张力进一步增加……

我重新勘验自己开始变好的脑门儿上的伤,独自一个人点了点头。

"原来是这样!"

伤口处的细胞在摔倒后也会拼命地活动。

我一边这样想,一边又觉得幸亏没骨折。

要是骨折了,就不会这样仅凭软组织反应就能痊愈。

总之,我滑落时团着身子,现在看来,那姿势很好。

伤口开始好起来。

不,就和好了一样。

我一边这样想,一边突然想向伤痕道谢。

"谢谢!"

在我恍惚时,这伤口周围各种细胞也在拼命地活动,以便使伤口早日痊愈。

当然,伤口不会在中途怠惰。

伤口的细胞没有一个靠不住的。

哪个细胞都要按照所赋予的功能在拼命地活动、变化。

明确地说,我忘记了这一点。

时不时会看看伤口,或用手按一下,只希望早点好,而从未考虑过什么样的细胞会在伤口发挥怎样的作用。

而且在好得慢时,会不满地冲着伤口发牢骚:"怎么还不好呢?"

其实伤口都在拼命地活动,都在各自履行自己的使命。

"原来是这样!"

我重新对着镜中的伤口点点头。

我们有各种创伤或者身体欠佳时,就会冲着负伤的手指或欠佳的部分生气或发牢骚,都有其相应的原因。

而在这些地方,个个细胞都在拼命地活动,以使早日恢复。

当然,个个细胞都不会说话,但是不要忘记它们都在各自拼命地活动。

而幸亏有这些细胞才能活到今天。对此,我要表示感谢!

这种情绪把我给笼罩住了。各位读者会有何感想呢?

夕阳婚

"各位老年人,结婚吧!"

我这样说。是看到某种数据突然想起来的。

这些数据是前几天看资料时无意发现的:现在七十一岁单身汉有三十二万七千一百九十八名。其中,男性九万零七百名,女性二十三万六千四百九十八名。

七十三岁单身汉有三十八万七千九百七十一名,其中,男性九万六千九十四名,女性二十九万一千八百七十七名。

七十五岁单身汉四十万七千二百零三名,男性九万零四百零四名,女性三十一万六千七百九十九名,女性多二十二万人。

竟有这么多人现在没有配偶。

当然,内中各种情况都有:有的人没有婚史,有的人有婚史却离异,有的人与对方死别等等。

然而,现在有四十多万七十五岁的人没结婚,一个人在生活。

人超过七十岁,一般都认为年事已高,其实不是。

有很多人还在跑长跑或玩电脑。

这些人可能有不可名状的原因才一个人生活。有点太可惜。

好不容易有个机会,应该把精力集中在异性身上。

今后不会再生孩子了,应该舒畅而尽情地享受两个人的蜜月。

我前几天看到过七十三岁的一对夫妇举行婚礼才这样想。

他们是在都内的某个敬老院里相遇的。好像都是身体欠佳才住进去的,好像就这样萌生的爱情。

这才是恋爱结婚。

当然,两个人现在没做什么工作。

不过双方都是丧偶,他们是在敬老院生活时互相被吸引住的。

男方原先从事与电视有关的职业,以前就是个精神上十分年轻的人。

然而,女方也不亚于男方,年轻而纯真。能够明确地表达观点,还有明快、爽朗的笑声。

他们开朗而显年轻,令人惊讶,不相信他们都七十三岁。

望着两个人,就觉得他们应该走到一起。

于是,我重新思考,日本一定还有像这样的情侣。

我应该更加积极地把他们结合起来。

我问他们怎么好起来的,男方明确地说他们是经过恋爱而结婚的。这句话令人振奋,人们都不由得笑起来,我觉得确实如此。

话虽如此,辞掉工作和职务,成为单身汉后,一定很快乐、很自由。

他一定是在敬老院里抓住她的,而没想到会成这样。

然而,这种敬老院有些方面也并不是那么差。

可是敬老院不同,有的并不是没有问题。

以前我当医生时,曾在某个敬老院里工作过一段时间。

那是个很高级的敬老院,入住者一般都是有钱人,有个七十五六岁的男性在那里去世了。

于是,住在都内的三十七八岁的儿子首先闯进来,把父亲枕边找了个遍。

好像是找遗书或者类似的资料。

又过了三十分钟,二儿子两口子来到,同样在床周围找了个遍。

这种情景实在让人感到郁闷。再一看,七十三岁的两个人结婚是多么令人爽快啊!

据说,今后两人要住在离敬老院很近的公寓里。

到了七十三岁,既没有孩子抚养,也不需要有工作干,开始什么新的事业。只需用原先积攒的钱过一种朴素、快乐的生活就很惬意。

人到六十岁前干一项工作,干完正经工作后,再干一项工作,悠闲自在、轻松愉快地工作,该有多好。

我想,只要两个人过平稳的夫妻生活,恐怕也不会出现夫妻吵架的情况。

人超过七十岁务必要享受婚姻!

哎呀,怎么样呢？这可是只有丧妻之夫或丧夫之妻、离异者以及未婚者才能被赋予的权利。这样就会出乎预料地变得意气风发,而自然感到快乐。您说呢？

图书在版编目（CIP）数据

男人沉默　女人雄辩/（日）渡边淳一著；时卫国译.—青岛：青岛出版社，2018.12
 ISBN 978-7-5552-7890-0

Ⅰ.①男… Ⅱ.①渡… ②时… Ⅲ.①恋爱-通俗读物 Ⅳ.① C913.1-49

中国版本图书馆 CIP 数据核字（2018）第 256994 号

老いかたレッスン　いつまでも男と女 by 渡辺淳一
Copyrights：©2014 by 渡辺淳一
This edition arranged through OH INTERNATIONAL CO. LTD.
Simplified Chinese edition copyrights：©2018 by Qingdao Publishing House Co., Ltd.
All rights reserved.
简体中文版通过渡边淳一继承人经由 OH INTERNATIONAL 株式会社授权出版
山东省版权局著作权合同登记号 图字：15-2017-237 号

书　　名	男人沉默　女人雄辩
著　　者	（日）渡边淳一
译　　者	时卫国
出版发行	青岛出版社
社　　址	青岛市海尔路 182 号（266061）
本社网址	http://www.qdpub.com
邮购电话	13335059110　0532-68068026
策　　划	刘　咏　杨成舜
责任编辑	霍芳芳
封面设计	末末美书
照　　排	青岛双星华信印刷有限公司
印　　刷	青岛双星华信印刷有限公司
出版日期	2018 年 12 月第 1 版　2018 年 12 月第 1 次印刷
开　　本	大 32 开（890mm×1240mm）
印　　张	5.25
字　　数	90 千
印　　数	1-10000
书　　号	ISBN 978-7-5552-7890-0
定　　价	35.00 元

编校印装质量、盗版监督服务电话　4006532017　0532-68068638
本书建议陈列类别：日本・畅销・随笔

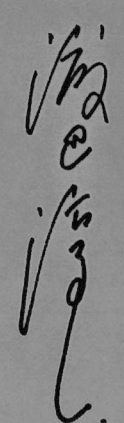